IWAN GONTSCHAROW
Herrlichste, beste, erste aller Frauen

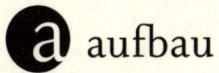 aufbau

Iwan Gontscharow, 1850er Jahre

IWAN GONTSCHAROW

Herrlichste, beste, erste aller Frauen

Eine Liebe in Briefen

Herausgegeben
und aus dem Russischen übersetzt
von Vera Bischitzky

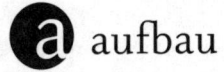

Die Briefe Iwan Gontscharows an Jelisaweta Tolstaja erschienen
1913 in der Zeitschrift »Golos minuwschego« Moskau, Nr. 11
und 12, herausgegeben von P.N. Sakulin.

Mit 6 Abbildungen

Zitate aus Iwan Gontscharow, »Oblomow«
Herausgegeben und neu übersetzt von Vera Bischitzky
© 2012 Carl Hanser Verlag München mit freundlicher Genehmigung des Hanser Verlags München.

Dieses Buch wurde gefördert von der Mikhail Prokhorov
Foundation TRANSCRIPT:
Programme to Support Translations of Russian Literature

ISBN 978-3-351-03539-6

Aufbau ist eine Marke der Aufbau Verlag GmbH & Co. KG

1. Auflage 2013
© Aufbau Verlag GmbH & Co. KG, Berlin 2013
Einbandgestaltung hißmann, heilmann, Hamburg
Druck und Binden Kösel, Krugzell
Printed in Germany

www.aufbau-verlag.de

Vorbemerkung

Schande über Sie, sollte jemals ein anderer oder eine andere diese Briefe lesen als Sie, dann sage ich mich für immer von unserer Freundschaft los.
(aus dem Brief I. Gontscharows
vom 14. November 1855 an J. Tolstaja)

Wenige Schriftsteller haben ihr Privatleben so sorgfältig vor der Öffentlichkeit abgeschirmt wie Iwan Gontscharow, der Schöpfer des unsterblichen »Oblomow«. Nur in seinen Briefen an einige Vertraute finden sich hier und da verschlüsselte Hinweise des zeitlebens Unverheirateten auf gewisse Liaisons. Durch die Literatur über Gontscharow schwirren Spekulationen, Namen und widersprüchliche Theorien, die Spuren aber verlieren sich bis auf eine Ausnahme – die hier vorliegenden Briefe – ausnahmslos im »Rauschen der Zeit«.

Auch jeden noch so freundschaftlich gemeinten Versuch einer Eheanbahnung wies der notorische Junggeselle entschieden zurück. Das Fazit seiner diesbezüglichen Überzeugung hat er Ilja Iljitsch Oblomow, dem Helden seines gleichnamigen Romans, in den Mund gelegt: »*Es gibt doch tatsächlich Esel, die heiraten*«. Von einer Zufallsbekannten aus dem Ostseebad Dubbeln ist überliefert, dass er eines Tages auf die Frage, ob er verheiratet sei, geradezu in Panik geriet: »*Er hob beide Arme, als wolle er ein Schreckgespenst verjagen, und protestierte energisch: ›Nein, nein! Nie im Leben! Nie im Leben!‹«*

Und doch hatte es einmal eine Zeit gegeben, da er seine Freiheit möglicherweise gegen ein Leben »*an der Seite einer sittsamen, stolzen, stillen Kameradin*« eingetauscht hätte, von dem auch Oblomow träumte. Wer wünschte es sich nicht, »*das ewig gleichmäßige Schlagen eines glücklichen, ruhigen Herzens, folglich ein auf ewig erfülltes Leben, ein ewiges Lebenselixier* ...«

Als Iwan Gontscharow im Sommer 1855 im Salon der St. Petersburger Familie Maikow die achtundzwanzigjährige Jelisaweta Tolstaja aus Moskau trifft, ist er wie verwandelt. Der oft schwermütige dreiundvierzigjährige Beamte im Departement für Außenhandel beim russischen Finanzministerium, der einige Jahre zuvor durch seinen ersten Roman »Eine alltägliche Geschichte« großes Aufsehen erregt hat, wird plötzlich zum verliebten Schuljungen, er verfällt dem »*Magnetismus*« der Augen der jungen Frau und der »*Vibration*« ihrer Stimme, wie er sich in Anspielung an den damals populären Mesmerismus ausdrückt. Zwölf Jahre zuvor, um die Jahreswende 1842/1843, war er ihr bei den Maikows schon einmal begegnet. Damals hatte sich Jelisaweta Tolstaja in Begleitung ihrer Mutter für einige Zeit auf der Durchreise in St. Petersburg aufgehalten und auch den Silvesterabend bei den Maikows verbracht. Gontscharow befand sich ebenfalls unter den Gästen, doch er hatte, wie Zeitzeugen berichten, an diesem Abend nur Augen für eine andere junge Dame, ein Fräulein Tscheljajewa. Sie war Schülerin des Katharinen-Instituts in St. Petersburg – ein Widerhall dieser Schwärmerei findet sich in der erst hundert Jahre nach Gontscharows Tod veröffentlichten Erzählung »Pepinerka«.

Dass Iwan Gontscharow (1812–1891) Jelisaweta Tolstaja bereits damals vorgestellt worden war, bezeugt auch sein ausführlicher Eintrag in ihrem Poesiealbum. Mit der ihm eigenen Prise Humor schrieb er dem Mädchen im Februar 1843 ins Poesiealbum: »*Ein berühmter Dichter hat Ihnen vor seiner Abreise in die weite Ferne zur Erinnerung inspirierte Verse dagelassen; ein anderer gab Ihnen [...] ebenfalls Verse mit auf den Weg. Alles in Versen! Das ganze Album ist voll davon: wie viele Pfeile, immer wieder Amor, Herzen, alles zeugt vom Sieg, es sind Trophäen der Jugend! Was soll ich sagen? Und wie? In Prosa! Doch Poesie – das ist ja Erfindung! Prosa dagegen, auch wenn die Sprache dürftig ist, so ist es doch die Sprache der Wirklichkeit, folglich der Wahrheit. Gestatten Sie mir also, Ihnen in dieser Sprache sowohl mein Bedauern auszudrücken, dass Sie uns verlassen, als auch Dankbarkeit für die teuren Minuten Ihres Aufenthalts hier bei uns und den Wunsch, dass Ihnen eine lichte und sorglose Zukunft beschieden sein möge – de Len.*«

Den liebevoll-spöttischen Spitznamen Prinz de Len[*] hatte man Gontscharow bei den Maikows verliehen – einer

[*] (russ.) len – Faulheit; Trägheit

weitverzweigten Familie um den Maler Nikolai Maikow und seine Frau Jewgenija, in deren Salon die literarische, künstlerische und intellektuelle Elite der Stadt verkehrte. Gelehrte, Musiker, Maler, Literaten, alle »*bildeten gemeinsam mit den Hausherren eine Art brüderlicher Familie oder Schule, wo jeder vom anderen lernte*«, wie Iwan Gontscharow später in seinem Nachruf auf Nikolai Maikow (1794–1873) schreiben sollte.

Hier wurde der Gedankenaustausch über Probleme gepflegt, die die russische Gesellschaft bewegten, man sprach über neueste wissenschaftliche Erkenntnisse, über die Künste, über Literatur. Diese schöpferische Atmosphäre, in die der junge Gontscharow bereits 1835 eingetaucht war – zunächst als Hauslehrer für die beiden ältesten Maikow-Söhne engagiert –, hat zweifellos auch seine eigene Entwicklung als Schriftsteller beeinflusst.

Die Wiederbegegnung mit der noch unverheirateten Schönen wirbelt das Leben Gontscharows, der – ungeachtet seines überaus tätigen Lebens – gern mit seiner Lethargie kokettiert, völlig durcheinander, stellt es auf den Kopf, ja, erweist sich als Glücksfall für die Weltliteratur. Später werden sich zahlreiche Spuren des Erlebten im Roman »Oblomow« niederschlagen. Erst ein halbes Jahr zuvor war er von einer abenteuerlichen Weltumseglung mit der Fregatte Pallas nach Petersburg zurückgekehrt, zu der er sich im Herbst 1852 im Auftrag des Zaren Nikolai I. als persönlicher Sekretär des Admirals Putjatin auf den Weg gemacht hatte. Ziel der zweieinhalb Jahre währenden Reise war das hermetisch abgeschottete Japan, zu dem Russland Handelsbeziehungen anbahnen wollte, bereits damals in Konkurrenz zu den USA. Die strapaziöse Route führte ihn über England, durch den Atlantik, um das Kap der Guten Hoffnung nach Singapur, die Philippinen, China und schließlich nach Japan. Wir verdanken dieser Reise lebendige, farbige Briefe, die zweibändige Reisebeschreibung »Fregatte Pallas« und einige fesselnde Reiseskizzen von der überaus beschwerlichen, monatelangen Heimreise auf dem Landweg durch das eisige Sibirien. Das Manuskript des geplanten Romans »Oblomow« hat Gontscharow ebenfalls im Gepäck, doch an eine Fortsetzung der Arbeit ist unter diesen ungewöhnlichen Umständen voller Abenteuer, Eindrücke und nicht zuletzt angesichts des täglichen Arbeitspensums an Bord der Fregatte nicht zu denken. Seit Jahren schon stockt das Romanvorhaben, der Alltag im Ministerium, andere Verpflichtungen und auch immer wiederkehrende depressive Verstimmungen hindern ihn am Schreiben.

Und plötzlich findet er, der von sich sagt, »*die Schwermut nagt bis zur physischen Zerrüttung an mir*«, sich als Verliebter wieder, ihm wachsen Flügel, er sucht die Nähe der Angebeteten und schreibt ihr Brief um Brief.

Ist es aber legitim, als Außenstehender private, intime Briefe eines Fremden zu lesen, gar zu veröffentlichen, auch wenn sie aus einer längst vergangenen Epoche datieren und von einer Person der Zeitgeschichte stammen? Ganz besonders stellt sich diese Frage im Falle Iwan Gontscharows, der 1888, drei Jahre vor seinem Tod, in der Presse einen Aufruf veröffentlichte, in dem er darum bat, sämtliche seiner Briefe entweder zurückzugeben oder zu vernichten und nicht etwaigen »*Literaturarchäologen*« das Feld zu überlassen. Neben der Bitte um Wahrung seiner Privatsphäre war er der irrigen Annahme, dass seine Briefe »*nichts Gescheites, Ernsthaftes, Gewichtiges*« zu sagen hätten und auch nicht überschäumten vor »*Gedankenblitzen, Scharfsinn und Talent*« wie etwa die Briefe Turgenjews oder Puschkins, »*kurz, sie enthalten nichts Olympisches*«. Eine völlige Fehleinschätzung, denn Gontscharows überlieferte Briefe zählen zu den Perlen des Briefgenres, weshalb wir es heute, mehr als 150 Jahre später, nicht mehr als Indiskretion empfinden, sie zu publizieren. Viele der Empfänger kamen seiner Bitte nach, schickten sie an den Absender zurück oder vernichteten sie, so dass von den tausenden Briefen, die Gontscharow zeit seines Lebens schrieb, bis heute nur etwa 1800 der brillant, klug und geistreich geschriebenen bekenntnishaften Zeugnisse des »privaten« Gontscharow überliefert sind.

Das Konvolut, das wir hier erstmals in deutscher Sprache vorlegen, enthält 32 Briefe und kurze Nachrichten Gontscharows an Jelisaweta Tolstaja (1827–1877) vom August 1855 bis zum Oktober 1856, außerdem eine von Gontscharow als »Kapitel aus einem Roman« deklarierte

Liebeserklärung unter dem Titel »Pour et contre«, die er in zwei Sendungen den Briefen beilegte. Adressatin ist die Tochter eines früh verstorbenen Gutsbesitzers, die unverheiratet mit ihrer Mutter in Moskau und auf dem Landgut der Familie in Swenigorod im Gouvernement Moskau lebt. Ergänzend wurden zwei Briefe Gontscharows an Jelisaweta Tolstajas Mutter und ein Schreiben an Alexander Mussin-Puschkin aufgenommen, den vier Jahre jüngeren Cousin und Bräutigam Jelisaweta Tolstajas, einen Kavallerieoffizier, der in Zarskoje Selo bei St. Petersburg Dienst tat und den sie im Januar 1857 heiratete.

Jelisaweta Tolstajas Antworten sind bis auf eine kleine Notiz, die sie auf der Rückseite eines der Briefe von Gontscharow skizzierte, nicht erhalten. Aller Wahrscheinlichkeit nach hat sie Gontscharow, wie viele andere Briefe und Papiere, kurz vor seinem Tod vernichtet.

Bei Gontscharows Schreiben handelt es sich zunächst um kurze Nachrichten, in denen es ihm vor allem um Verabredungen oder Besorgungen geht. Aus ihnen wird ersichtlich, wie sich der verliebte Verehrer durch allerlei praktische Dienste nützlich machen möchte. *»Ihr Ring und die Handschuhe sind repariert: ich füge sie bei. Wo sind Sie? Haben Sie vielleicht einen Wunsch?«* (23. August 1855). Mit der Zeit werden die Briefe länger, die Gefühle brechen sich, nur notdürftig maskiert, Bahn. Nach Jelisaweta Tolstajas Abreise (sie hatte sich einige Wochen in St. Petersburg aufgehalten) werden sie viele Seiten lang und wachsen sich gar zu einem Kapitel aus dem bereits erwähnten fiktiven Roman »Pour et contre« aus.

Als sie ihm zu Beginn ihrer Bekanntschaft durch einen Diener eine kurze Nachricht sendet und offenbar eine Verabredung zwischen neun und zehn Uhr vorschlägt, ist er verwirrt. Er möchte sich keinesfalls verspäten, will alles richtig machen: »*Entre 9 et 10 heures du soir, n'est-ce pas?*[*] *Ich bin mir nicht sicher. Wenn Sie heute Morgen gemeint haben, dann ist es nicht mehr zu schaffen, jetzt ist es zehn Uhr: was soll ich tun? Zwischen zehn und elf, das ginge noch, aber habe ich Sie richtig verstanden? Mein Gott, wie blöde ich geworden bin, seit Sie hier sind!*« (August 1855).

Seine Zuneigung verbirgt er meist hinter scherzhaften Formulierungen, er sucht Vorwände, ihr zu schreiben, und drängt sie immer wieder, ihm doch auch ihrerseits einige Zeilen zukommen zu lassen: »*Schließlich würde ich von Ihnen sogar gern etwas über den Schnupfen von Madame Jakubinskaja hören (von Ihrem eigenen Schnupfen gar nicht zu reden) und auch erfahren, ob es Madame Bogdanowa besser geht. Nutzen bringt das zwar keinen, aber es ist mir angenehm, Ihnen ein paar Worte zu schreiben, und noch angenehmer, selbige von Ihnen zu erhalten*« (6. September 1855). Die Antworten der Bewunderten sind rar und fallen offenbar nur sehr kurz aus, denn immer wieder beklagt er sich über ihre »*Miniaturnachrichten*«. Bedrängt von der übergroßen Aufmerksamkeit, die ihr der bekannte Schriftsteller erweist,

---

[*] (franz.) Zwischen 9 und 10 Uhr abends, nicht wahr?

die erkennen lässt, dass er sich möglicherweise mehr erhofft als nur Freundschaft, beschließt Jelisaweta Tolstaja, Gontscharow ihr Tagebuch zu lesen zu geben. Er soll verstehen, dass ihr Herz seit vielen Jahren einem anderen gehört, ihrem Cousin Alexander Mussin-Puschkin (den sie bald heiraten wird). Gontscharow, als eifersüchtiger Nebenbuhler, spart denn auch nicht mit ironischen Kommentaren: »*Er* [der Cousin] *ist nicht da, sprechen können Sie nicht mit ihm, [...] so dass Sie (wie andere in dieser Lage) mit leblosen Dingen zu reden anfangen, zuerst mit dem Schreibtisch, dann mit dem Ofen usw. Tatjana sprach auch mit [...] ihrer Kinderfrau. Gut, wenn man eine Kinderfrau hat, wer aber keine hat, kann ja das eine oder andere Wort mit einer Fliege wechseln*« (19. September 1855).

Trotz der Ernüchterung nach der Lektüre des Tagebuchs und den überaus spärlichen Antworten auf seine Briefe lässt sich die Schwärmerei nicht zurückdrängen. Im Gegenteil, sie wächst sich mehr und mehr zur Leidenschaft aus.

Zweifellos schmeichelt der jungen Frau die Aufmerksamkeit des bekannten Schriftstellers. Sie gestattet ihm, sie ins Theater zu begleiten, hält ihn aber auf Distanz.

Er kleidet seine Geständnisse zunehmend in scherzhafte Formulierungen: »*Sie wissen doch, Unbeholfenheit ist ein Zeichen großer Freundschaft*« (11. Oktober 1855), oder er versucht sie zu beruhigen: »*Seien Sie unbesorgt, um Gottes willen. Ich habe weder Hintergedanken, noch Fangnetze oder*

Vogelstellerei im Sinn, wie Sie sich gestern nicht gescheut haben, mir anzudeuten« (17. Oktober 1855).

Am 18. Oktober reist Jelisaweta Tolstaja aus St. Petersburg ab. Nun werden Gontscharows Briefe immer länger und leidenschaftlicher: »*Der Brief war lang geworden, wie alle Liebesbriefe: Liebende sind schrecklich redselig*«, wird es später im »Oblomow« heißen.

Nur notdürftig kaschiert, gewährt Gontscharow der jungen Frau Einblick in sein »*Seelenwirrwarr*« und bedauert, dass »*Sie diese Aufregungen und dieses Chaos doch weder geteilt haben noch darauf eingegangen sind*«. Immer öfter deutet er durch drei Punkte vor dem Wort »*Freundschaft*« an, dass er »*Liebe*« sagen will. Je größer die Entfernung zwischen ihnen ist, je seltener er von ihr eine Antwort auf seine ungestümen Briefe erhält, desto mehr idealisiert er sie, sieht in seiner »*betörend schönen Freundin [...] alle Vorzüge vereint*«, bescheinigt ihr ein »*reines Herz*«, »*Erhabenheit des Charakters*«, kurz, sie verkörpert für ihn »*das Ideal der Frau, und dieses Ideal hat sich meiner so stark bemächtigt – ich bin blind!*«

Als er nach ihrer Abreise eine offenbar in aller Eile geschriebene kurze und vermutlich nur aus Pflichtgefühl gesandte Nachricht von ihr erhält, wird seine Leidenschaft aufs Neue entfacht. Am 25. Oktober 1855 heißt es in einem langen Antwortbrief: »*Sie konnten natürlich nicht vermuten, dass mein Brief dem Ihren schon entgegeneilte, haben nicht gespürt, dass Ihnen unablässig mein Gedanke hinterherstürmte, dass er, wie eine zudringliche Fliege, neben dem Zug dahinflog, vorwitzig in den Familienwaggon eindrang, Sie aufgeregt inmitten all der Bündel, Säcke, Kinder, alter und junger Fürstinnen ausfindig machte, in Ihrer Nähe für ein, zwei Stunden rastete und dann müde und erschöpft in das von Ihnen so geliebte Petersburg zurückflog.«*

Um ihr seine Gefühle anzuvertrauen und zu prüfen, ob und wie sie darauf reagiert, ersinnt er ein Zwiegespräch zwischen zwei Freunden (beide sein Alter Ego), das er als »Roman« ausgibt. Am 25. Oktober 1855 sendet er ihr ein »Kapitel« aus diesem »Pour et contre« überschriebenen Text. Dieser »Roman« begann, wie er ihr schreibt, *»in der Seele des Helden«* und wird *»Gott weiß wann enden […] Es ist eine der schmerzlichen, betrüblichen Seiten des Romans. Auf Ihnen lastet nun die traurige Pflicht, sie zu lesen. Die Freundschaft des Helden ist eine schwere Bürde. Ich schwanke sogar, ob ich diese Beichte des Helden überhaupt abschicken soll, die recht unschön ist, wie eine Wunde, die man einem Freund nur deshalb zu zeigen sich entschließt, weil man hofft, statt Abscheu Mitgefühl zu erregen.«*

Er hat diesen Text einzig erdacht, um ihr seine Liebe zu gestehen, und erzählt darin unter der Maske eines »Freundes« von seinen seelischen Qualen, analysiert ihre Einstellung zu ihm und kommt zu dem Schluss, dass sie wohl nur Freundschaft für ihn empfinde, *»ein Gefühl wie ungesäuerter Teig, ohne den kleinsten Tropfen Sauerteig, ohne Gärung«*. Doch selbst mit dieser rudimentären Freundschaft will er sich zufriedengeben. Dann wieder lässt er den fiktiven

»Freund« in einem Dialog sagen: »*Ach ja, du hast recht: Diogenes hat am helllichten Tage mit der Laterne ›den Menschen‹ gesucht, ich suchte ›die Frau‹, und als ich sie gefunden hatte, wollte ich die Laterne löschen, jetzt aber ...*« – »*Jetzt?*« – »*Lasse ich es sein, man findet sie ja doch nicht, es ist mir auch lästig, und es ziemt sich nicht in meinem Alter ... Ich will lieber die Ruhe suchen – das soll von nun an mein Ideal sein.*« Doch ungeachtet dieser Überlegungen spricht er einige Seiten später erneut von seiner Liebe, fürchtet, sich durch eine Liebeserklärung lächerlich zu machen, man solle lieber »*den Arzt kommen*« lassen, ironisiert er gleich darauf. Wie oft er das Schicksal segne, dass er ihr begegnet sei: »*Ich scheine besser geworden zu sein* [...] *Als sei ich auf dem schmutzigen Pfad des Lebens einem Engel begegnet.*« Dieser etwa 20 Seiten lange Liebesbrief endet mit der Aufforderung des »Freundes« an den Liebeskranken: »*Schreibe ihr das alles, wie sie dann entscheidet, so soll es sein.*« Gontscharow sendet die lange Liebeserklärung ab, doch wieder erhält er keine Antwort. Dennoch schickt er ihr erneut Briefe, erfindet Vorwände, immer wieder streut er auch kleine erzieherische Hinweise ein, denn Jelisaweta Tolstaja schreibt nicht nur ihm nicht, sie lässt auch die Briefe der gemeinsamen Bekannten unbeantwortet: »*Schicken Sie ihr in einem freien Augenblick über die Maikows besser selber eine kleine Nachricht* [...] *und danken Sie ihr für die Hilfe bei der Beförderung der Saloppe.*« Sogar frivole Anspielungen erlaubt er sich: »*Als er las, dass Sie sich auch des Nachts bei den Maikows wohlgefühlt haben, fragte er Jewgenija Petrowna, was sie in der Nacht mit Ihnen angestellt hätten.«*

Am 14. November 1855 bittet er sie: »*Sagen Sie mir auch den Grund für Ihr Schweigen? Sind Sie so sehr beschäftigt, dass Sie keine Zeit haben, oder denken Sie gar ans Heiraten? Ich hoffe, dass Sie mich dies als Ersten wissen lassen.*« Doch er wird nicht aufgeklärt. Selbst als er ihr von einem Traum berichtet, der ganz deutlich seine Verletzlichkeit illustriert, quittiert Jelisaweta Tolstaja dieses Bekenntnis mit Schweigen. Sie sei ihm im Traum begegnet, er sei nackt gewesen und habe seine Blöße nur notdürftig bedecken können: »*Schließlich kamen Sie […] Aber ich selbst trug – stellen Sie sich das bloß vor – nicht das geringste Kleidungsstück und bedeckte mich mit irgendeinem Laken…*« Doch das alles scheint Jelisaweta Tolstaja nicht zu interessieren, sie schweigt weiter hartnäckig. Vor allem das Bekenntnis seiner Liebe (»Pour et contre«) bleibt ohne jede Reaktion. »*Dabei hat er ja nur Ihre Meinung erfahren wollen, Sie aber schweigen*«, heißt es bitter in einem weiteren Brief vom 1. Dezember 1855, der mit den Worten beginnt: »*Beharrliches Schweigen ist natürlich ein wirksames Mittel, den unnützen Briefwechsel mit unnützen Freunden abzubrechen.*« Insgesamt wird Gontscharow in diesen zweiunddreißig Briefen achtundzwanzig Mal das Wort »schweigen« gebrauchen. Er schwankt zwischen Hoffen und Bangen, verbirgt die Liebe, die er empfindet, hinter dem Wort »Freundschaft«, macht ihr Vorwürfe und endet mit den Worten: »*Der Brief ist allzu lang gewor-*

den: er wird Ihnen keinerlei praktischen Nutzen oder Gewinn bringen, es sei denn, Sie ziehen den einzig richtigen, logischen Schluss, dass ein langer Brief, den ich trotz meiner knapp bemessenen Zeit geschrieben habe, ein ... langer Brief ist« (31. Dezember 1855). Obwohl er wieder keine Antwort bekommt, folgen weitere Briefe, in denen er sein »Selbstgespräch« fortsetzt, bisweilen hat es den Anschein, dass es sich auch um eine Selbstvergewisserung handelt, wie das gelegentlich der Fall ist, wenn ein Gegenüber, ja ein Spiegel gebraucht wird, um sich der eigenen Gefühlswelt bewusst zu werden. War er verliebt ins Verliebtsein? Jahre später (1872) wird Gontscharow in seinem Aufsatz »Absichten, Aufgaben und Ideen des Romans ›Die Schlucht‹« über seinen Helden Raiski schreiben: »*Raiski liebt [...] sie nur in Gedanken, mit Hilfe seiner Einbildungskraft. Wegen ihrer äußerlichen Schönheit glaubte er, ohne jeden Anhaltspunkt, in ihr auch innere Schönheit zu erkennen, die er sich einbildete, er sieht halsstarrig nur das, was er sehen will, ohne in Betracht zu ziehen, dass sie anders sein könnte.*« Eine späte Erkenntnis?

Da er eine neue, finanziell einträglichere Stelle in Aussicht hat, versucht er ihr anzudeuten, dass er eine solide Partie sei: »*Bei der Stelle handelt es sich um die eines Oberzensors, das heißt der russischen Zensur, mit dreitausend Rubeln Gehalt und 10000 Scherereien*« (23. Dezember 1855).

Doch es ist alles vergeblich, sämtliche Briefe laufen ins Leere. Nachdem schließlich noch einmal eine kurze

Nachricht eingetroffen ist, nimmt er wieder zur für ihn so charakteristischen Selbstironie Zuflucht: *»Noch mehr danke ich Ihnen für den homöopathischen Brief. Sie veranlassen mich, auch an die Homöopathie zu glauben: eine derart kleine Dosis, aber wie wunderbar sie wirkt!«* (20. Februar 1856).

Hier brechen die Briefe ab.

Ein halbes Jahr später setzt sich Gontscharow auf Bitten von Jelisaweta Tolstajas Mutter dafür ein, für ihre Tochter und deren Cousin eine Heiratserlaubnis beim Heiligen Synod – der obersten Kirchenbehörde – zu erwirken (da sie Verwandte zweiten Grades sind, ist eine Hochzeit nicht ohne weiteres möglich). Diese beiden Briefe finden sich ebenfalls im Konvolut wie auch ein letztes Schreiben an Jelisaweta Tolstaja vom 29. Oktober 1856, in dem er ihr – nun bereits in förmlichem Ton – eine Bitte erfüllt.

Schließlich ist noch ein kurzer Brief (vom 30. Oktober 1856) an Alexander Mussin-Puschkin überliefert, den früher so bespöttelten »Freund aus Kindertagen«, der jetzt zum Bräutigam avanciert ist. In diesem Brief bittet Gontscharow darum, eine Fotografie der jungen Frau behalten zu dürfen, und sendet Jelisaweta Tolstaja, nun korrekt die Form wahrend, auf dem Umweg über Mussin-Puschkin ein bereits im Februar avisiertes Foto, auf dem außer ihm selbst Lew Tolstoi, Iwan Turgenjew und andere Autoren abgebildet sind. *»Möge Jelisaweta Wassiljewna auch mich in Gesellschaft meiner fünf Kollegen in Erinnerung behalten, als* *einen der eifrigsten Bewunderer ihrer Schönheit, ihres Verstands und anderer Vorzüge.«*

Nachdem Jelisaweta Tolstaja im Januar 1857 geheiratet hat, verflüchtigt sich Gontscharows Traum vom *»beschaulichen Leben«* endgültig. Nie mehr wird er ans Heiraten denken – zumindest ist darüber nichts überliefert – und sein Leben als Junggeselle beschließen. Hatte aber sein Alter Ego in »Pour et contre« nicht prophezeit: *»Tout va pour le mieux«*[*]? Und tatsächlich: Im Sommer 1857 ereignet sich während eines viermonatigen Auslandsaufenthalts das »Marienbader Wunder« – Gontscharow lebt auf, Inspiration und Kräfte kehren zurück, innerhalb von vier Wochen schreibt er *»fast bis zum Umfallen«* den ersten Teil des »Oblomow« zu Ende, zehn Jahre, nachdem er die ersten Kapitel entworfen hat, entwickelt den zweiten und weite Teile des dritten Teils.

Jahre später wird er den Juristen Anatoli Koni (1844 bis 1927), einen der wenigen engen Freunde seiner letzten Jahre, in einer Herzensangelegenheit trösten. Im Juli 1888 schreibt er ihm: *»Ich habe Ihnen damals ja gesagt, dass diese dunkle Wolke vergehen wird und die Strahlen des Lebens von neuem zu leuchten beginnen. ›Fürchte dich nicht, glaube nur!‹«*

Vera Bischitzky

---

[*] (franz.) Alles wird gut.

Die Briefe
»Herrlichste, beste, erste aller Frauen«

22. August 1855

Belieben Sie, zu den Maikows zu kommen, und gestatten Sie mir in diesem Falle, Sie zu begleiten? Sollten Sie aber zu Hause bleiben wollen, gestatten Sie mir dann, meine chinesischen Alben vorbeizubringen, oder ist es Ihnen recht, dass ich sie schicke? Wenn Ihnen allerdings nichts dergleichen recht ist, belieben Sie mir zu erlauben, mich einfach schlafen zu legen? Im äußersten Falle bin ich auch dazu bereit.

Ihre Befehle erwartet

der Ihnen – bis zum Grab einschließlich – ergebene

I. Gontscharow

23. August 1855

Ihr Ring und die Handschuhe sind repariert: ich füge sie bei. Wo sind Sie? Haben Sie vielleicht einen Wunsch?

Ihr eifriger Verehrer Gontscharow

Ich schicke außerdem zwei Almanache zur Lektüre und hoffe, dass Madame Jakubinskaja mit ihrer Hilfe heute

Jelisaweta Tolstaja

Nacht gut einschlafen kann, Madame Bogdanowa wünsche ich gute Besserung.

Sind Sie eigentlich noch hier?

26. August 1855

Obwohl Sie drohen, nur für zwei Wochen zu verreisen, möchte ich Ihnen dennoch eine gute Reise wünschen. Ich wäre sogar imstande, zu Ihnen zu kommen, um Sie zum Bahnhof zu begleiten, wie das gewöhnlich all jene tun, die zeigen wollen, dass es ihnen sehr leidtut, sich von den Abreisenden zu trennen, wenn es mir denn erstens tatsächlich leidtäte, mich von Ihnen für eine so kurze Zeit zu trennen, wenn ich Ihnen das zweitens aus irgendeinem Grunde zeigen müsste und drittens, wenn ich mit Gewissheit wüsste, an welchem Tag Sie fahren.

Ich wollte Sie vor der Abreise jedenfalls noch einmal sehen und bin deshalb am Mittwoch nach dem Mittagessen bei Jewgenija Petrowna vorbeigefahren, bei der Sie zu Mittag zu essen versprochen hatten, aber Sie waren nicht da. Was soll ich denn jetzt tun? Bleibt mir nur, diese Nachricht zu senden, in der Hoffnung, Sie nehmen sie als Beweis dafür, dass Ihre Abwesenheit, auch wenn sie nur von kurzer Dauer ist, Ihren Freunden keinerlei Freude bereitet, unter anderem auch

Gontscharow

Sollten Sie aber nicht heute, sondern erst morgen fahren, werden Sie dann vielleicht heute Abend bei Jewgenija

Petrowna sein? Und stimmt es, dass Sie nur für zwei Wochen verreisen?

29. August 1855, 11 Uhr vormittags
Jewgenija Petrowna und Nikolai Apollonowitsch haben mir aufgetragen, Ihnen mitzuteilen, dass sich beide, sollte es morgen, am Alexander-Tag, nicht regnen, die Prozessionszeremonie der Zarenfamilie zum Newski-Kloster aus den Fenstern des Koshewnikowschen Hauses anschauen werden, in dem ich ihnen Plätze habe reservieren lassen. Sie vermuten, dass Sie wie versprochen heute aus Zarskoje Selo zurückkehren, und wollen deshalb morgen *früh um neun Uhr* in der Annahme, Sie würden sich die Zeremonie vielleicht auch aus dem Koshewnikowschen Hause ansehen wollen, bei Ihnen vorbeikommen, um Sie abzuholen, sollten Sie keine andere, bessere Gelegenheit haben, die Zeremonie zu verfolgen. Eine der Wohnungen, die zur Straße geht, ist nicht vermietet, und der Verwalter hat mir, als Mieter in diesem Haus, eines der Fenster zur Verfügung gestellt.

Gestern hatte Nikolai Apollonowitsch Geburtstag: wir haben alle bei ihm zu Mittag gegessen und immer wieder bedauert, dass Sie nicht da waren.

Falls Sie schon aus Zarskoje Selo zurück sein sollten – haben Sie vielleicht einen Wunsch

beim Ihnen bis zur Unmöglichkeit ergebenen

Gontscharow

(undatiert)

Entre 9 et 10 heures du soir, n'est-ce pas?* Ich bin mir nicht sicher. Wenn Sie heute Morgen gemeint haben, dann ist es nicht mehr zu schaffen, jetzt ist es zehn Uhr: was soll ich tun? Zwischen zehn und elf, das ginge noch, aber habe ich Sie richtig verstanden? Mein Gott, wie blöde ich geworden bin, seit Sie hier sind! Man sagt, es sei Ihr Privileg, jedermann zu verwirren, einzunebeln und begriffsstutzig zu machen, kurz, nach Gutdünken durcheinanderzubringen – vielleicht ist das ganz lustig, aber verschonen Sie die Alten!

Sollten Sie den Morgen gemeint haben, so will ich mich für den Fall des Falles zu Ihren Füßen einfinden ... pardon, an Ihrer Tür.

Ihr treuer Diener

Gontscharow

(Sommer 1855)

Ich bitte ergebenst, mir mitzuteilen, ob Sie nach Zarskoje fahren? Sollten Sie es tun, so bitte ich Sie, mich nicht abzuholen: ich muss für einen Augenblick ins Kontor von Jasykow gehen und würde dann kurz vor ein Uhr direkt zu Jewgenija Petrowna kommen.

Ihr eifriger Diener

I. Gontscharow

---

* (franz.) Zwischen 9 und 10 Uhr abends, nicht wahr?

4. September 1855

Aus Sorge um den Seelenfrieden meiner Freunde fällt es mir schwer, tut es mir leid, ist es mir unangenehm und peinlich und plagt mich das Gewissen, Sie mit einer derart schwierigen Aufgabe zu belasten, wie ich es vorhabe: was bleibt mir übrig! *Dies sind nun einmal meine Vorstellungen von Freundschaft.* Seien Sie so gut und übermitteln Sie Madame Jakubinskaja die beigefügte Adresse des Möbeltischlers nebst meiner Verehrung für sie, meines Mitgefühls für Madame Bogdanowa und der schulmeisterlichen Gewogenheit für Sie selbst. Auf der Rückseite der Karte finden Sie eine von Fehlern strotzende Mitteilung, aus der hervorgeht, dass man für einen Lehnstuhl ein Pfand in der Höhe seines Wertes hinterlegen muss, 30 Silberrubel, sowie 3 Rubel für den Arbeitslohn, es ist aber nicht ersichtlich, ob *für** einen Monat oder für *vier***. Es sind nur ein paar Schritte, deshalb kann sie den Lehnstuhl selbst auswählen und mit ihm einig werden.

Ich selbst sitze gerade im Sessel und komme nach den gestrigen Ereignissen nur langsam wieder zu mir. Meine Krankheit ist hartnäckig: ich kann ihrer kaum Herr werden, habe viel, aber schlecht geschlafen. Gegen Morgen wird es gewöhnlich besser.

Sie haben *den Nutzen,* den Ihnen die *Gespräche* mit mir bringen, nicht näher mit Worten umreißen können oder

* Im Original deutsch.

** Im Original deutsch.

wollen, doch ich freue mich, dass Sie die Briefe an Ihre Angehörigen noch nicht versiegelt hatten. Ein Wort darin gibt für mich völlig überzeugend das Wesen dieser Gespräche wieder, welches Wort genau, das will ich Ihnen sagen, wenn ich *die Gunst* haben werde, Sie zu sehen.

Ich bleibe immer derselbe älteste, ergebenste und nützlichste Ihrer Verehrer

I. Gontscharow

6. September 1855

»C'est inutile que Vous envoyez«, avez-Vous dit hier.* In der Tat, Sie scheinen das Nützliche zu lieben. Et moi »j'aime l'inutile«**, wiederhole ich die Worte der Madame de Staël oder war es die de Sévigné oder vielleicht eine andere der mir verhassten sogenannten »klugen Frauen«, bas bleu*** oder Schriftstellerinnen. Aus diesem Grund ist es für mich vielleicht nutzlos, aber *angenehm* (wie sehr ich seit einiger Zeit das Wort »angenehm« mag, weshalb ich es zum Zeichen meiner besonderen Zuneigung sogar unterstrichen habe), wenigstens die Schrift Ihrer Hand zu sehen, wenn ich schon die Hand selbst vorläufig nicht sehen kann; wie gern ich wissen würde, ob die Expedition ins Michailow-Theater in jener Form und Zusammensetzung stattfinden wird, wie wir sie gestern geplant haben, oder ob es irgendwelche

* (franz.) »Es ist unnütz, dass Sie es schicken‹, sagten Sie gestern.«
** (franz.) Auch ich, »ich liebe das Unnütze«.
*** (franz.) Blaustrümpfe.

Änderungen gibt, und schließlich würde ich von Ihnen sogar gern etwas über den Schnupfen von Madame Jakubinskaja hören (von Ihrem eigenen Schnupfen gar nicht zu reden) und auch erfahren, ob es Madame Bogdanowa besser geht. Nutzen bringt das zwar keinen, aber es ist mir angenehm, Ihnen ein paar Worte zu schreiben und noch angenehmer, selbige von Ihnen zu erhalten.

Vielleicht haben Sie ja einen Nutzen davon, etwas über meine Gesundheit zu erfahren: es geht mir besser, die Krankheit weicht allmählich vor der Charakter- und Willensstärke zurück; gestern habe ich besser geschlafen als vorgestern, Verzeihung, ich meine heute besser als gestern: es haben mich auch keine Fieberphantasien und Albträume mehr gequält; heute habe ich bloß von Schnee geträumt, auf dem Schnee lag ein kleines Holzstück, dann von einem Felsen, und auf dem Felsen saß ein Käferchen. Da sehen Sie, was für friedliche Träume das sind, gestern aber, ach, du lieber Himmel!

Ich schicke Ihnen die Bücher von Pissemski und Turgenjew und ein Bild aus den »Vaterländischen Annalen«. Letzteres können Sie getrost wegwerfen, und auch die beiden erstgenannten können Sie meinetwegen wegwerfen, wenn Sie eine Laune anwandelt. Aber nein, das entspricht nicht Ihrem Charakter: Sie würden sie in der Hitze des Gefechts wohl eher zerfetzen und dann wieder leimen lassen.

Gerade hat eine Dame jemanden geschickt, um die Augustausgabe des »Zeitgenossen« zu erbitten; sollten Sie

sie wirklich nicht mehr brauchen, könnten Sie sie mir dann schicken?

Bis um sechs: ich werde mich an Ihrer Schwelle einfinden, ja?

Auf Wiedersehen denn – meine bezaubernde, aparte Freundin oder Feindin – bei Gott, das weiß ich noch immer nicht.

Ganz, immer und überall der Ihre

Gontscharow

Ich schicke Ihnen jetzt diese Nachricht, fürchte aber, Sie damit vielleicht wieder zu verärgern wie am Sonntag.

Dienstag, 6. September 1855

C'est affreux, si Vous manquez à Vos amis ce soir: ne pouvez-Vous pas dire que Vous avez retenu la loge et invité le monde, que Vous ne pourrez pas manquer sans blesser les convenances etc. etc., mais ce n'est pas à moi à mettre les points sur les ii pour Vous.

J'attends avec impatience la réponse à 5 heures, si je dois venir avec la voiture. Faites comme Vous savez, comme Vous pouvez, mais faites que ce soit: oui. Je remettrai ce billet moi-même à Votre suisse: la réponse est *inutile*. Je Vous demande bien pardon de ce griffonage mais je me dépêche et je crains de ne plus Vous revoir, à moins que ce ne soit pas ainsi pour ce soir.

Votre t. dévoué Gont.

Mardi, le 6 Septembre
On dit que les pièces sont charmantes et le spéctacle sera brillant, surtout, j'ajouterai, si vous voudrez l'embellir de Votre présence.*

6. September 1855

Que faut-il faire donc? Voulez-Vous en effet commettre le crime de lèse-amitié? Mais les amis ont toujours la préférence, aprés viennent les parents. Et que faire avec la loge, que faire avec Les Maikoff, qui Vous attendent au théatre?

J'attends Vos ordres pour venir avec la voiture – ou bien dictez-moi d'autres: quelqu'ils soient, ils seront remplis,

---

* (franz.) Es wäre entsetzlich, wenn Sie heute Abend ihrem Freundeskreis fernbleiben würden: Können Sie nicht sagen, dass Sie im Voraus eine Loge bestellt und Ihre Bekannten eingeladen haben und dass Sie nicht fernbleiben können, ohne gegen den Anstand zu verstoßen etc. etc. - aber es steht mir nicht zu, für Sie die i-Punkte zu setzen.

Voller Ungeduld erwarte ich um 5 Uhr Ihre Antwort, ob ich mit dem Wagen kommen soll. Machen Sie es, wie Sie wollen und wie Sie können, aber machen Sie, dass es ein »Ja« wird. Ich werde diese Nachricht selbst bei Ihrem Pförtner abgeben: Eine Antwort ist *überflüssig*. Verzeihen Sie bitte dieses Gekritzel, aber ich bin in Eile und fürchte, Sie nie wiederzusehen, falls heute nichts daraus wird.

Ihr sehr ergebener Gont.
Dienstag, den 6. September
Es heißt, die Stücke seien reizend und die Aufführung werde brillant sein. Vor allem, füge ich hinzu, wenn Sie sie mit Ihrer Anwesenheit schmücken würden.

avec la soumission d'un ami dévoué et d'un serviteur zélé a toute épreuve.

Gont.

Mardi à 5¾ heures, 6 Sept.

Ci – joint votre montre et deux clés.*

8. September 1855

Kürzlich fragten Sie mich nach der »Pepinerka« – bitteschön, hier ist sie. Nur mit Mühe habe ich sie aus einem Haufen alter Manuskripte herausgefischt. Sehen Sie nur, wie blass und matt sie geworden ist – genau wie in meiner Erinnerung. Jetzt mache ich mir mehr aus Klassendamen, allerdings nicht aus heutigen, sondern künftigen. Sie werden über die beiden ersten Seiten wohl kaum hinauskommen. Wenn Sie genug haben, geben Sie mir das Manuskript doch bitte zurück, zusammen mit den Büchern von Turgenjew, Pissemski, des Neuen Dichters und den Almanachen.

---

* (franz.) Was ist also zu tun? Wollen Sie tatsächlich das Verbrechen eines Freundschaftsverrats begehen? Freunde haben doch immer den Vorrang vor Verwandten. Und was soll mit der Loge, was mit den Maikows geschehen, die im Theater fest mit Ihnen rechnen?

Ich erwarte Ihre Anweisungen, um Sie mit dem Wagen abzuholen - es sei denn, Sie erteilen mir andere Anweisungen: Welche auch immer es sein werden, sie werden ausgeführt, mit der Ergebenheit eines treuen Freundes und zuverlässigen Dieners.

Gont.
Dienstag, um ¾ 5 Uhr, 6. Sept.

Beiliegend Ihre Uhr und zwei Schlüssel.

Da ich, Ihren Worten zufolge, »für zwei sehe«, gestatten Sie mir, *für Sie und für mich vorauszusehen,* dass, wenn Sie ins Institut gehen, Jekaterina Fjodorowna Posdejewa plötzlich den Wunsch äußern wird, mit Ihnen zu den Maikows fahren zu wollen. Darf ich Sie bitten, *nichts* über Ihre Absicht *auszuplaudern,* dass Sie den Abend bei Jewgenija Petrowna verbringen möchten (mein Gott! wenn Sie nun wieder böse werden wie gestern? Dann bin ich erledigt – aber nein – Sie sind ein Engel, in allem, auch der Güte, es ist ja schließlich ein ganz besonderer Fall).

Es wäre Ihnen zweifellos angenehmer, mit Jekaterina Fjodorowna gemeinsam zurückzukehren, dennoch bitte ich Sie, Folgendes in Betracht zu ziehen: wir haben das gestrige, für mich in höchstem Grade interessante Gespräch noch nicht zu Ende geführt, ich würde es sehr gern fortsetzen, doch das ist allein mein Vergnügen. Ihres dagegen könnte folgendes sein: kurz nach Ihrer Ankunft, genauer gesagt, am ersten Tag, stellten Sie mir am Abend eine Ihnen sehr wichtige Frage. Ich hielt mich damals für nicht befugt, sie zu beantworten und wich aus, jetzt dagegen würde ich mich an unserer Freundschaft versündigen, würde ich weiterhin schweigen. Heute, so scheint mir, ist die einzige und wahrscheinlich letzte Gelegenheit, dies zu tun.

Machen Sie unsere Verabredung – dass ich heute nach fünf zu Ihnen komme – doch bitte nicht wieder rückgängig wie gestern. Sollten wir uns bei Ihnen sehen, so werde ich Ihnen diese *Antwort* geben, wenn nicht, dann auf dem Heimweg von den Maikows.

Ich hätte Ihnen gern meinen soeben erschienenen Aufsatz über Japan geschickt, doch Sie werden ihn nicht lesen wollen – er ist noch schlechter als der über Jakutsk, und wird er Sie überhaupt interessieren? Ich will ihn im Dezember schicken, wenn er in Buchform erscheint.

Sagen Sie mir doch kurz, wie es um die Gesundheit von Madame Bogdanowa steht, ebenso um die von Madame Jakubinskaja und insbesondere um die Ihre: hat Ihnen der gestrige Regen nicht geschadet?

Ich verneige mich vor Ihnen bis zum Erdboden, sogar tiefer.

Der Ergebenste aller Ergebenen

Gontscharow

18. September 1855

O Gott, Sie sind wieder da! Dies war meine erste Regung, als ich Ihre Miniaturnachricht sah. Hier war allmählich alles dabei, seinen üblichen Lauf zu nehmen, alle (wobei ich Sie bitte, »alle« im Sinne von »on«* zu verstehen) wandten sich ihren Beschäftigungen zu, ich habe sogar ein wenig zugenommen, kurz, noch eine Woche, und alles wäre so gewesen wie immer, gar keine Rede davon, dass man sich Ihrer erinnerte oder von Ihnen träumte! ... Die zweite Regung war Dankbarkeit – für

* (franz.) Man.

die liebenswürdige und gütige Nachricht über Ihre Rückkehr. Ich war schon geneigt anzunehmen, dass Sie jenen Freunden zuzurechnen sind, auf die man sich sogar verlassen kann (was äußerst selten, ja beinahe nie vorkommt, wie es sich dann auch herausstellen sollte), hätte sich in Ihre Taten nicht ein kleiner Verrat eingeschlichen, nämlich: Sie haben Lchowski etwas von unserem Gespräch über ihn erzählt, und er konnte es, wie es seine Art ist, nicht für sich behalten. Dabei war ich der Annahme, warum weiß ich selber nicht, dass Sie nicht einmal Ihrem künftigen Ehemann das Geringste von dem erzählen würden, was Ihnen unter vier Augen anvertraut wurde: eine solche Ausnahmeerscheinung sind Sie für mich – in allem. Sobald wir uns sehen, werde ich Ihnen sagen, was ich damit meine. Allerdings ist es ein so kleiner Verrat, wie das Ihnen gut bekannte »Komma«. Zudem steht Ihnen der Verrat, wie »jede Mütze«, gut zu Gesicht.

Ich eile, Ihre Fragen zu beantworten: Nikolai Apollonowitsch ging es besser, dann schlechter, jetzt geht es ihm wieder besser. Jewgenija Petrowna wird von starken patriotischen Anfällen heimgesucht und wir anderen ebenfalls: ich habe ihr vorgestern zu beweisen versucht, dass sie eine Verräterin ist und dass Sewastopol ihretwegen erobert wurde. Junija Dmitrijewna ist zurück und ärgert sich, dass sie Sie in Moskau nicht angetroffen hat (ob sie es ernst meint, weiß ich nicht). Alle lachen über mich, das heißt Junija

Dmitrijewna, Lchowski und teilweise auch Jewgenija Petrowna, die Übrigen haben Mitleid. Ich gehe ganz und gar vor die Hunde.

Mit der Krankheit von Madame Bogdanowa haben Sie mich richtiggehend erschreckt: Sie sind also auch imstande, einen zu erschrecken (und wie, mein Gott!). Ich wollte jemanden schicken, um mich nach ihrem Befinden zu erkundigen und nach dem von Madame Jakubinskaja ebenfalls, fürchtete aber, beide Damen würden das für überflüssig und unpassend halten.

Was ist das bloß für eine Idee, zum Sohn von Madame Bogdanowa zu fahren: unter den gottgefälligen Einrichtungen, die Christen an Sonntagen zu besuchen verpflichtet sind, als da sind Gefängnisse, Krankenhäuser etc., sind Junker-Schulen im Evangelium nicht aufgeführt.

Verzeihen Sie diesen dummen Brief: Grund dafür ist erstens, dass ich nicht ganz gesund bin, zweitens, dass ich Sie lange nicht gesehen habe, ganz im Ernst, und folglich in meine übliche Apathie verfallen bin. Ich habe Ihnen ja schon in aller Offenheit erklärt, dass Ihre Anwesenheit einen Menschen ungemein aufleben lässt, zumindest mich, und Ihr Verstand einen fremden Verstand anregt, zumindest den meinen, so dass sich schwer entscheiden lässt, ob Sie vor allem schön oder vor allem klug sind? Über die dritte, die moralische Seite, will ich schweigen, ich kenne sie vorerst nicht. Auf Wiedersehen. Ist mir heute der glückliche und möglicherweise letzte Tag beschieden, Sie zu sehen, mit Ihnen zu sprechen und Sie vielleicht nach Hause zu begleiten? Haben Sie eventuell einen Wunsch? Ich selbst beabsichtige, gleich nach dem Mittagessen bei Jewgenija Petrowna zu sein. Ich hoffe auf ein Wiedersehen.

Ihr – das ganze Leben und einen Tag – ergebener

Gontscharow

19. September 1855
Dankbar erstatte ich Madame Jakubinskajas Siegel zurück und Ihren Bleistift ebenfalls. Ich habe beides nicht benutzt und auch keine Notizen in Ihrem Heft gemacht, denn erstens fand sich dafür kein Platz, da alles vollgeschrieben war, und zweitens steht es mir weder zu noch bin ich fähig, der Zensor so aufrichtiger, ungekünstelter Äußerungen Ihres Herzens zu sein. Die Lektüre Ihrer confidences* hat mir jedoch einige angenehme Momente beschert. Alles, was Sie schreiben, ist ein aufrichtiger Ausdruck des Sie beherrschenden Gefühls – mehr nicht. Dies haben Sie natürlich auch im Sinn gehabt, als Sie zur Feder griffen, andernfalls, das heißt, hätten Sie eine andere Absicht verfolgt, wäre dies gewiss in Spitzfindigkeiten zum Ausdruck gekommen, Sie hätten sich in Einzelheiten und Kleinigkeiten verloren, hätten alles überarbeiten wollen, und dann wäre es wohl literarischer geworden, aber nicht aufrichtig. Die Aufrichtigkeit allerdings äußert sich unter anderem darin, dass Sie, wie alle, die ihr Gefühl in dieser oder jener Weise aus-

* (franz.) Bekenntnisse.

drücken, es als Ausnahme betrachten. Schwermut, Träume, Tränen – das alles sind Symptome der nur allzu bekannten Krankheit. Weshalb also darüber schreiben? Es muss sein, ich weiß – auch ich entsinne mich, das heißt, ich selbst habe nie dergleichen geschrieben, doch ich entsinne mich, dass ich nicht dagegen gewesen wäre, hätte man mich auf dem Dorf eingesperrt. Wie jeder in dieser Lage möchten Sie begierig der Stimme ihres Gefühls lauschen, und es fällt Ihnen schwer, dieses Bedürfnis nach Aussprache zu unterdrücken. Er ist nicht da, sprechen können Sie nicht mit ihm, per Post darüber zu schreiben ist unpassend, insbesondere an solche Orte, in denen die Briefe in Quarantäne kommen, bevor sie den Adressaten erreichen, so dass Sie (wie andere in dieser Lage) mit leblosen Dingen zu reden anfangen, zuerst mit dem Schreibtisch, dann mit dem Ofen usw. Tatjana sprach auch mit belebten, und auch mit ihrer *Kinderfrau*. Gut, wenn man eine Kinderfrau hat, wer aber keine hat, kann ja das eine oder andere Wort mit einer *Fliege* wechseln. Doch alles geschieht bei Ihnen voller Anmut, voller natürlicher Anmut, anmutig wie Sie selbst und Ihr Verstand, außerdem frisch und jugendlich, so dass insbesondere die quälende Seite der Leidenschaft sogar mich an etwas erinnerte, das ich einst erlebte, das schon längst erloschen und in Vergessenheit geraten ist. Ich erlaube mir eine grundlegende Bemerkung: Sie verweilen die ganze Zeit bei seiner äußeren Erscheinung, nur beiläufig erwähnen Sie den Verstand, die Seele etc., es geht dauernd um die »schöne Pose«, »er stützte sich auf die Hand«, und auch ein »Pferd« darf auf keinen Fall fehlen. Ich dachte eigentlich, bei Ihnen müsste das reifer ausfallen. Aber Sie bekennen in Ihrem Tagebuch ja selbst, dass Sie »verliebt« sind, folglich ist noch nichts entschieden, und es fragt sich, ob dem Feuer der Begeisterung eine echte, tiefe Liebe folgen wird, ein dauerhaftes, ruhigeres Gefühl? Aus Ihren Äußerungen spricht allein das Leiden, eine Art Krankheit, nicht aber ein bewusstes, beständiges Gefühl. Sie können Ihrem künftigen Bräutigam das Heft unbesorgt zeigen. Er wird sehen, dass noch nicht alles für ihn verloren ist, und viele Anhaltspunkte für eine Heilung entdecken. Ich denke, das ist ganz natürlich – Leiden und Liebe (von der ich spreche) gehören nicht zusammen oder zumindest gehören sie nicht immer zusammen.

Nur an zwei Stellen finde ich es etwas an den Haaren herbeigezogen, und zwar, wenn sie die Ausdrücke *die Schlange Wehmut* und *das Reit-Wetterchen* verwenden. Dies scheint mir allzu übertrieben und rhetorisch. Einmal musste ich von ganzem Herzen lachen, als ich las, wie Sie *beide* davon träumen, Ihre künftigen Kinder zu verheiraten. Ja, ja, das ist alles aufrichtig und kommt von Herzen: diese ganze bezaubernde Welt, mit *all der holden Einfalt der Liebe*, wie es Apollon Maikow irgendwo nennt, ich glaube, in »Maschenka«.

Ich habe mir erlaubt, dieses allgemeine Fazit aus Ihrem Heft zu ziehen, und nahm damit Ihre mündliche Frage nach meiner Meinung vorweg. Mündlich kann man sich aber nicht immer verständlich ausdrücken, so habe ich es vorgezogen, es niederzuschreiben. Doch genug jetzt, sonst finde ich kein Ende. Bei Ihnen bin ich besonders gesprächig: allerdings spüre ich, dass Apathie und Trägheit allmählich wiederkehren, Sie haben mich mit Ihrem Verstand und der alten Freundschaft zur Redseligkeit angestiftet.

Ich danke Ihnen noch einmal für das Vertrauen, die Hefte gebe ich Ihnen jedoch, wie besprochen, erst bei unserem nächsten Wiedersehen zurück. Ich hoffe, dass Sie trotz Ihrer Empfindlichkeit nichts Kränkendes an meinen Worten finden werden. Ich hielt es für meine Freundespflicht, Ihnen offen zu sagen, wie und was ich darüber denke.

Meinen Glückwunsch: heute erwartet sie ein großartiger Theaterabend, es heißt, das Stück soll ungemein an die italienische Oper erinnern. Ein leidenschaftlicher Musikliebhaber sagte mir, seit Rubini hätte man keinen derartigen Sänger mehr gehört. Ob das stimmt, weiß ich nicht, dieser Musikliebhaber lügt auf Schritt und Tritt. Er ist mit den Maikows bekannt, wird ebenfalls im Theater sein und Sie natürlich begrüßen. Sollte er das Wort auch an Sie richten, so weichen Sie einer Antwort aus; er beträgt sich sehr ungehörig, anständige Damen sprechen ungern mit ihm. Sie werden ihn sofort erkennen: dieser Affe ist um die siebzig und trägt eine Brille.

Da Sie in einem Grade an meinem Leben Anteil nehmen, dass Sie bisweilen *die Absicht haben*, nach meiner Gesundheit zu fragen, *beeile ich mich*, Ihnen mitzuteilen, dass ich sehr unwohl bin: außer den Kopfschmerzen habe ich nun auch Husten, wenn er bis zum Abend nicht nachlässt, werde ich um das Vergnügen gebracht, Sie zu sehen und die »Lucia« zu hören. Jetzt gehe ich zum Dienst.

Wie geht es Madame Bogdanowa?

Mes compliments à madame Jakubinskaja.

Tout à Vous*

Gontscharow

Sie sind noch nicht abgereist, aber was für eine Korrespondenz sich schon entwickelt hat, was für lange Briefe. Weshalb nur, sagen Sie es mir um Gottes willen, ich sollte wohl lieber ein Tagebuch führen! Übrigens hat mich zu alldem ja ein Tagebuch veranlasst.

Ich schicke Ihnen noch eine klitzekleine chinesische Arbeit. Das Siegel schicke ich Ihnen nicht; darum tut es mir leid: Sie bekundeten gestern kein besonderes Interesse daran, es haben zu wollen.

22. September 1855
Aus der Lesung gestern ist glücklicherweise nichts geworden, und auch der geplante Besuch bei Junija Dmitrijewna

* (franz.) Meine Komplimente an Madame Jakubinskaja. Ganz der Ihre.

ist leider nicht zustande gekommen, deshalb bin ich ins Theater gegangen und habe mir den »Hypochonder« angesehen. Dort bat mich Wladimir Maikow, Ihnen zu sagen, dass er, sollte es nicht regnen, mit Jekaterina Pawlowna zu Junija Dmitrijewna fahren will, sie würde sich sehr freuen (welche Frage!), Sie dort zu sehen. Da Sie nicht wissen, wo sie wohnt, die Maikows Sie aber nicht abholen können, gestatten Sie mir, mich Ihnen als Begleiter anzubieten? Gegen halb sieben werde ich mich bei Ihrem Portier einfinden und ihn bitten, Ihnen meine Ankunft zu melden: er ist mir sehr gewogen, ich selbst warte unten; Sie werden sicher schon fertig sein. Sollte sich das Wetter verschlechtern, so komme ich herauf.

Bitte grüßen Sie die Damen Jakubinskaja und Bogdanowa von mir. Wie geht es Madame Bogdanowa? Das werde ich allerdings erst heute Abend erfahren, denn ich will diese Nachricht selbst abgeben, kann aber nicht auf eine Antwort warten.

Sollten Sie abends jedoch etwas anderes vorhaben und wünschen, mich dies wissen zu lassen, so bitte ich Sie, es nicht vor vier Uhr zu tun, davor bin ich nicht zu Hause und mein Diener auch nicht, so dass niemand die Nachricht entgegennehmen kann.

Mein Kopf ist wie im Nebel: ich kann kaum erkennen, was ich schreibe. Gestern nach dem Theater war ich noch zum Tee beim Fürsten Obolenski und habe dort bis ein Uhr nachts gesessen; danach hätte ich nach Hause gehen sollen, ging aber in den Klub – und das sind nun die Folgen: Kopfschmerzen. Dafür kann ich niemanden beschimpfen! Wollen Sie mich nicht ausschimpfen?

Ich tröste mich mit der Hoffnung auf das Vergnügen, Sie zu sehen.

Tout à Vous*

Gontscharow

P.S. Ich habe folgende Idee: kurz nach Ihrer Ankunft wollten Sie doch mit Nikolai Apollonowitsch zu mir kommen, um sich meine chinesischen und japanischen Sachen anzusehen. Was halten Sie davon, dass ich Wladimir Nikolajewitsch und Jekaterina Pawlowna bitte, Sie abzuholen, und dann kommen Sie (o je, über die schreckliche Treppe!) zu mir, und anschließend fahren wir alle gemeinsam zu Junija Dmitrijewna? Sie könnten sich einige meiner japanischen Kästchen etc. ansehen. Si cela ne Vous déplait pas, on peut arranger: je parlerai ce matin à Wladimir Nikolajewitsch** und kurz nach sechs oder um halb sieben werden die beiden oder ich Sie abholen. Entschuldigen Sie das Durcheinander dieses Briefs.

22. September 1855

Wladimir Nikolajewitsch und Jekaterina Pawlowna müssten bald bei Ihnen sein (gegen sechs Uhr), um Sie abzuho-

---

* (franz.) Ganz der Ihre.

** (franz.) Wenn Sie nichts dagegen haben, könnten wir Folgendes arrangieren: Ich spreche heute Vormittag mit Wladimir Nikolajewitsch.

len und dann zu mir zu kommen, unabhängig davon, ob Junija Dmitrijewna zu Hause ist oder nicht. Auf dem Rückweg könnten wir die beiden nach Hause begleiten. Ich bin in Eile: entschuldigen Sie, dass die Nachricht jeglichen Sinn und Verstand vermissen lässt, dafür ist sie vom unstillbaren Verlangen durchdrungen, Sie zu sehen, wo und wann immer.

Ihr ergebener

Gontscharow

26. September 1855, Montag

Erst jetzt habe ich gesehen, dass auf den Eintrittskarten steht: »Parkett, zweite Reihe«, weshalb ich es für angebracht halte, Sie darüber zu informieren, wegen »des Huts«. Sollte nicht der Mittelrang gemeint sein, sondern tatsächlich ein Parkettplatz in der zweiten Reihe, so tröste ich mich damit, dass Sie fast direkt an der Bühne sitzen und die Lucia deutlicher sehen werden, und auch damit, dass es in den Pausen vorn weiter nichts zu sehen geben wird außer mir. »C'est inutile«*, sagen Sie darauf, ich weiß.

A propos de l'inutile: dieses Wort gestern von Ihnen und der Abend, der dem Besuch einer der gottgefälligen Einrichtungen vorbehalten war, es war wohl das Pagen-Corps, und ein anderer, nicht weniger denkwürdiger Abend (am Freitag) und die Tatsache, dass Sie sich nach Ihrer Rück-

* (franz.) Das ist unnötig.

kehr aus Zarskoje drei Tage lang vor den Augen ihrer Freunde verborgen hielten, ja ... ja ... Dites-moi, n'est-ce pas vrai que le doute est la plus sûre des chauses?* Spricht sonst etwa nichts zugunsten der Freundschaft? – entgegnen Sie. Oh, natürlich: Deshalb hege ich auch nur Zweifel und sage nicht, dass ich sie in Frage stelle. Sehen Sie, sogar mit meinen Zweifeln habe ich recht!

Heute, am Feiertag, gehe ich nicht zum Dienst und widme mich stattdessen freudig dem angenehmsten Zeitvertreib – mit Ihnen zu plaudern.

Auf Wiedersehen denn, herrlichste, beste, erste aller Frauen – das steht außer Frage, ob aber Freund, das darf bezweifelt werden.

Ich versuche, *pünktlich um sechs Uhr* bei Ihnen zu sein.

Gontscharow

Comment va la santé de madame Bogdanowa? Et madame Jakubinskaja que fait-elle? Voulez-vous bien Vous charger de présenter mes compliments à toutes les deux?**

Was soll ich mit Ihren Papirossy anfangen? Sie zurückzuschicken wäre schade, sie zu rauchen kommt auch nicht in Frage, denn ich rauche nicht. Sie sollten nicht an Vorzeichen glauben, weder im Allgemeinen noch insbesondere an jenes, von dem Sie vorgestern im Wagen spra-

---

* (franz.) Sagen Sie, der Zweifel ist das einzig Sichere, nicht wahr?

** (franz.) Wie ist das Befinden von Madame Bogdanowa? Und wie geht es Madame Jakubinskaja? Wären Sie so gütig, beiden meine Grüße zu übermitteln?

chen: mit Bedauern sehe ich, dass sich nicht alle bewahrheiten.

Ich werde den Feiertag auch für gute Taten nutzen. Ich will noch ein Weilchen warten und mich dann auf die Suche nach der »Demi-monde« begeben, allerdings in den Buchläden, nicht in den Salons.

Ich habe Anlass, Ihnen etwas über einen Ihrer glänzenden Vorzüge zu sagen, den ich seit langem beobachte: wenn Sie mich nachher daran erinnern, sage ich es Ihnen. Über die Schwächen schweige ich: darüber müsste man lange reden, mindestens zwei Stunden.

(Undatiert, vermutlich Anfang Oktober 1855)
Ich weiß nicht, von welchem glücklichen Vorzeichen die Handschuhe künden, die Sie mir nach dem Verlassen des Theaters gegeben und dann vergessen haben: sagen Sie es mir. Ich glaube an Vorzeichen, seit ... nun, einfach seit dem Päckchen Papirossy.

Einstweilen habe ich mich am Duft des Leders berauscht, ein Vergnügen, mit dem Sie in der Kutsche so großzügig – une véritable Fortune* – alle bedacht haben, außer mich.

Ich schicke Ihnen die Handschuhe und zwei Broschüren, eine ist für die Maikows bestimmt, die andere für Sie, auch den aus der Zeitung von gestern ausgeschnittenen Zugfahrplan der Strecke nach Zarskoje Selo für den Oktober, und ich schicke Ihnen den Ausdruck lebhaftester und

---

* (franz.) Ein wahres Glück.

unwandelbarer Zuneigung und verbleibe in der Hoffnung,
Sie bald zu sehen.

Gontscharow

Gerade kamen die Korrekturabzüge von »Manila« aus der Druckerei. Ich werde sie zum Buchbinder bringen lassen und darum bitten, so schnell wie möglich ein Exemplar fertigzustellen.

Au revoir.

Nein, ich habe beschlossen, Ihnen eine andere Broschüre zu schicken: den Maikows werde ich sie selbst bringen und sagen, ich hätte sie zerknittert, sie könne nicht mehr geglättet werden. Ihnen schicke ich nur Ihre.

11. Oktober 1855, abends

Beklagen Sie sich nicht, dass ich Ihrer Cousine, ungeachtet des Magnetismus Ihrer Augen und der Vibration Ihrer Stimme, mit denen Sie so überwältigend auf mich wirken und mit denen Sie (unbewusst) den Wunsch äußerten, ich möge im Album *den Anfang machen*, einen so unbeholfenen Gruß hineinschrieb. Sie wissen doch, Unbeholfenheit ist ein Zeichen großer … Freundschaft, haben Sie Nachsicht mit meiner Schwäche. Sie können daran erkennen, dass es um meinen *Ausdruck* nicht immer gut bestellt ist. Über die Gründe will ich mich nicht weiter verbreiten, unter anderem auch deshalb nicht, weil ich schlafen gehen möchte. Morgen werde ich vielleicht klüger sein, allerdings nur in dem Falle, dass ich Sie nicht sehe: doch wie betrübt ich dann sein werde. So will ich lieber nicht am *Verstand leiden,* sondern an meiner Dummheit, wenn ich Sie nur gegen sechs Uhr treffen kann.

Mit dieser Notiz sende ich auch einige »Notizen des Vaterlands« für Madame Jakubinskaja, mit dem Ausdruck meiner Hochachtung. Wenn ich sie zurückbekomme, besorge ich weitere und schicke sie Ihnen. Lassen Sie dem Diener doch bitte meine Bücher aushändigen. Ich schicke Ihnen auch »Die Liu-Kiu-Inseln«, so dass Sie jetzt *alles von mir haben* ... Auf Wiedersehen. Ich fürchte, mich zu verspäten und den Tadel meiner betörend schönen Freundin auf mich zu ziehen.

Ganz Ihr

Gontscharow

13. Oktober 1855

Sie hatten gestern einen Grund zu sagen: »Auf diese Weise beweisen Sie mir Ihre ... Freundschaft?« – obwohl auch ich hätte hinzufügen können: »Und Sie, wodurch, nicht ebenfalls auf diese Weise?« Doch ich sagte etwas anderes, oder ich sagte es anders, und ich habe recht damit getan. Ich habe immer recht. Ihr gestriger Vorwurf enthielt aber ein gewisses Gran Wahrheit, denn ich vergaß (was habe ich gestern nicht alles vergessen!), Sie zu fragen, wann ich Ihnen das besorgen soll, wovon Sie vor dem Theater sprachen? Ich hatte ja gehofft, Sie um vier Uhr bei Jewgenija Petrowna zu sehen, und diese Frage deshalb vertagt.

Ich hätte natürlich darauf kommen können, dass Sie *es* heute Morgen brauchen und hätte Sie fragen sollen, ob Sie nicht etwas früher bei Lewizki sein könnten, damit ich vor elf Uhr dorthin käme und es Ihnen brächte usw. Ich bekenne reumütig, dass es mir an Freundschaft und Verstand gebricht. Doch weder nach dem einen noch dem anderen stand mir gestern der Sinn, wie ich noch einmal wiederholen möchte. Erst heute Morgen stellte sich die Freundschaft wieder ein und zugleich auch der Verstand. Gestern stand ich unter dem Eindruck der ... Oper, vermutlich. Dann also bis um vier. Sagen Sie mir zwei Worte, nicht mehr, ich gehe jetzt zum Dienst und brauche den Diener.

Ich habe mich erkältet und weiß nicht, ob ich bis zum Mittagessen überlebe, insbesondere, wenn ich ein Bad nehme, hier ist nicht Manila. »*Dies Herz, das heiß und treu geliebt, bald wird es nicht mehr schlagen ...*« usw.

Ein Umstand ist mir allerdings noch immer unerklärlich: Woher haben Sie den »Almanach der Seefahrt«?

Falls Sie heute Abend, vor neun Uhr, zu Butz oder woandershin gehen möchten, so sagen Sie es mir, ich stehe Ihnen zu Diensten, sollten Sie aber Ihre Absicht, früher heimzukehren, in die Tat umsetzen, könnte ich noch zu Krajewski gehen.

Immer Ihr ergebener

Gontscharow

Madame Jakubinskaja meine Verehrung.

17. Oktober 1855

Der Wunsch, Ihnen gefällig zu sein und mich um Ihr Wohlergehen zu kümmern, ist mir zum beherrschenden Antrieb geworden. Nun aber ist da etwas, bei dem ich nicht weiterweiß. Es gibt noch Logenplätze, die Maikows sind jedoch vom normalen Preis ausgegangen, die Karten kosten indes das Doppelte (10 und 15 Silberrubel). Mich schreckt das nicht, wie aber könnte ich mir, selbst in den Augen enger Freunde, das Recht erkaufen, Ihnen eine Freude zu bereiten, ohne den sogenannten Anstand zu verletzen? Ich habe dem Alten allerdings gesagt, dass wir – Sie und ich – die beiden, wenn es Logenplätze gibt, *nicht später als um sechs Uhr* abholen werden, wenn aber nicht, so werden Sie den letzten Abend im Kreise ihrer Freunde verbringen, das heißt bei ihnen. Ich selber schlage Folgendes vor: Ich komme um fünf Uhr zu Ihnen, um Ihre Meinung in dieser heiklen Frage zu erfahren, sollten Sie *trotz allem* ins Theater gehen wollen, werde ich mich um die Karten kümmern (es wird noch Karten geben, sie werden kaum gekauft, da sie teuer sind und das Stück unbekannt ist) und kehre dann in der Equipage zu Ihnen zurück; sollten Sie den letzten Abend aber im Kreise Ihrer Freunde verbringen wollen, würde es Ihnen dann recht sein, sich gegen sieben zu Jewgenija Petrowna auf den Weg zu machen? Und würden Sie mir gestatten, Sie dorthin und zurück in der Equipage zu begleiten – das Wetter ist so schlecht.

Ich hoffe, Sie werden mir gestatten, Sie wenigstens eine

Viertelstunde bei sich oder im Wagen auf dem Weg zu Jewgenija Petrowna zu sehen – *nirgends sonst: seien Sie unbesorgt*, um Gottes willen. Ich habe weder Hintergedanken, noch *Fangnetze* oder *Vogelstellerei* im Sinn, wie Sie sich gestern nicht gescheut haben, mir anzudeuten, mich treibt allein der unerschütterliche Wunsch, mir Ihre gute Meinung zu verdienen und sie nie zu verlieren, Ihre Freundschaft zu erlangen und damit glücklich zu sein.

Ich bin niedergeschlagen, so niedergeschlagen. Gestern habe ich Sie nicht wiedererkannt und nicht verstanden: war es die Melancholie nach Tisch, die aus einem Übermaß an Wohlbefinden resultiert? Und diese Anspielungen ... Ich tröste mich damit, dass das alles nicht von Ihnen ausging, nicht auf Sie zurückgeht, sondern einfach so herbeigeweht kam, natürlich in guter Absicht, die in diesem Falle aber unnötig war. Leben Sie wohl. Was für einen unglücklichen, misstrauischen Charakter ich habe. Nicht wahr? Bis um fünf.

20. Oktober 1855, Donnerstag
Sofort nach Ihrer Abreise habe ich wegen der Saloppe zu Madame Jakubinskaja geschickt, doch sie war den ganzen Tag nicht zu Hause, sie hat mir die Saloppe dann früh am Morgen des nächsten Tages zukommen lassen, und ich habe sie postwendend an den Fürsten Sobolewski abgesandt, der sie mir mit der Bemerkung zurückschickte, er habe »sehr viel Gepäck« und könne »die Saloppe nicht mit-

nehmen. Hätten Sie sie gestern geschickt ...« Ihre Saloppe nicht mitzunehmen – etwas Niederträchtigeres hat die Welt noch nicht gesehen! Ich habe Junija Dmitrijewna heute ein Päckchen gesandt und sie gebeten, es einem der Ingenieur-Offiziere aus ihrem Bekanntenkreis nach Moskau mitzugeben und Ihnen zuzustellen, ins Haus der Frau Koloschina. Ich habe noch einen Kissenbezug hinzugefügt, der aus dem Olsufjewschen Hause kam, und Ihre Féval-Bücher, die der Buchbinder gebracht hat (fünf Bände) – mögen Sie diesen Autor tatsächlich? Die gute Junija Dmitrijewna hat es gern übernommen, alles zu tun, was in ihrer Macht steht.

Ich habe die Ehre, Sie über all dies in Kenntnis zu setzen.

Alle langweilen sich ohne Sie, wer am meisten, das sage ich nicht.

Trotz der *Hostie* für Sie muss ich ein fremdes Geheimnis verraten.

Er hat sich beinahe gewaltsam, fast unter Begehung eines Frevels, ihres Porträts bemächtigt (in der von Nikolai Apollonowitsch gewünschten Pose). Ich war heute den ganzen Tag bei Jewgenija Petrowna und bin Zeuge dieser Szene geworden: es war zu komisch. *Er* ist bei Lewizki aufgetaucht, um sich nach den Porträts zu erkundigen: sie waren noch nicht fertig, außer dem erwähnten. Lewizkis Gehilfe aber hatte in der Annahme, es werde nicht mehr gebraucht, das Original von der Glasplatte entfernt, so dass es jetzt ohne Sie nicht mehr abgezogen werden kann. *Er* nahm das Porträt an sich, kam damit zu Nikolai Apollonowitsch und erklärte, man könne ihm dieses Porträt nur wegnehmen, wenn man ihm »die Kehle durchschneide« oder ihn »vergifte«, kurz, nur über seine Leiche. Dann sagte er noch, er würde ihm das Porträt zum Zwecke des Kopierens mit Ölfarben für einige Zeit leihen, falls er ihm sein heiliges Ehrenwort gäbe; anschließend würde er es wieder an sich nehmen. Jewgenija Petrowna ärgerte sich über ihn, sie schrie, wie er es wagen könne, »fremdes Eigentum an sich zu nehmen«, Nikolai Apollonowitsch aber lachte und gab großherzig nach. Jewgenija Petrowna bemerkte, es werde noch andere Porträts geben, weshalb er gerade dieses brauche. »Dieses wird niemand bekommen«, sagte er, »die anderen aber wird sie verschenken ...« – »Wie können Sie es wagen anzunehmen, dass sie sie verschenken wird ...«

(Fortsetzung folgt)*

Ich habe die gesamte Szene auf diesem Blatt notiert, die zweite Hälfte aber abgetrennt, und werde sie nicht eher schicken, als dass Sie den Wunsch äußern, weiterlesen zu wollen, und mir bestätigen, dass die Briefe direkt und unmittelbar in Ihre Hände gelangen. Das muss ich wissen, weil die von mir beschriebene Szene sowohl eine Charakteristik von Ihnen enthält als auch weiterer Personen des von Ihnen kürzlich verlassenen kleinen Freundeskreises,

---

* Hier ist das Blatt abgerissen, als Fortsetzung diente der Text »Pour et contre« – siehe S. 71.

die es möglicherweise nicht wünschten, dass außer Ihnen noch andere etwas über einzelne ihrer Charakterzüge erfahren. Schreiben Sie mir doch, ob Sie lange in Moskau bleiben wollen, ob ich Ihnen die Fortsetzung des Briefes schicken und ob ich ihn an die Moskauer Adresse senden soll?

Jetzt will ich erzählen, was sich in den zwei Tagen seit Ihrer Abreise in unserem Kreis ereignet hat. Ich weiß, dass Sie sich für sämtliche Kleinigkeiten und Details über all jene interessieren, die Sie lieben, deshalb scheue ich mich nicht, darüber zu schreiben, außerdem sind sie ja auch so geartet, dass man keinerlei merkwürdige oder sonderbare Charakterzüge Ihrer Freunde daraus ableiten kann, sollten also andere außer Ihnen diese Zeilen lesen, so werden sie keine Veranlassung haben, sie mir übelzunehmen. Am Abend Ihres Abreisetages war ich bei N., wo sich etwa fünfzehn Literaten eingefunden hatten; auch Apollon war da und las seine »Dante-Imitation«. Sie erinnern sich gewiss an dieses wunderbare Gedicht, damals aber existierte erst die eine Hälfte, nun hat er die zweite ergänzt, in der er unverhohlen von Machtmissbrauch, Diebstahl und Ignoranz in unserem Heimatland spricht und davon, wie dies alles durch den Anschein von Ordnung und Strenge bemäntelt wird. In Danteschem Ton gesprochen, klingt es erhaben, düster und wahrhaftig. Schade, dass es nirgends gedruckt werden kann, doch von Hand zu Hand wird sich dieses Gedicht schnell verbreiten. Ich will Apollon bitten, mir die Verse zu geben, wenn er sie endgültig überarbeitet hat, werde sie abschreiben lassen und Ihnen schicken. Und was bekomme ich von Ihnen dafür, dass ich immerwährend an Sie denke, für die fortgesetzte Aufmerksamkeit, die väterliche Sorge um Ihr Wohlergehen? Ich wollte Ihnen mein Porträt schicken und war bei Lewizki, doch dann habe ich mich nicht getraut: allein der Gedanke, dass Sie mich auslachen würden, und nicht nur Sie allein ... Aus ähnlichem Grund habe ich Ihnen auch das port-cigare nicht gegeben, obwohl es meiner Meinung nach Ihnen gehört.

Turgenjew, bei dem ich gestern war, fragte mich: »Sagen Sie, was ist das eigentlich für eine wunderschöne Frau, die bei den Maikows wohnt, kann man sie dort treffen?« Ich habe ihm einen Vogel gezeigt. Gestern haben Junija Dmitrijewna, der Alte und seine Frau (die dann beide in die Oper gegangen sind, zu den »Langobarden«) bei Jewgenija Petrowna zu Mittag gegessen, abends kamen Apollon und Anna Iwanowna. Muss ich erwähnen, wie lebhaft man sich Ihrer erinnerte, wie man von Ihnen sprach, wie man dem komischen Kauz Ihr Bild aus den Händen riss und wie energisch er es verteidigte?

Beachten Sie die abgerissene Seite: sagt sie Ihnen etwas?

Leben Sie wohl. Warum kann ich nicht sagen – auf Wiedersehen?

Immer Ihr

Gontscharow

Ihr Armband und die Spange hole ich heute ab und übergebe sie Nikolai Apollonowitsch.

Ich glaube, ich habe jetzt eine klare Vorstellung von Ihnen, doch wie lückenhaft sie ist! Mein Ideal hat sehr gelitten. Ich will diesen Gedanken niederschreiben und Ihnen das Geschriebene, wenn Sie es wünschen, schicken.

25. Oktober 1855, Dienstag

Wie soll ich Ihnen danken, aparteste, feinfühligste Freundin, für die schnelle, liebe Nachricht? Ihnen zu Füßen fallen und ergriffen einen davon zu küssen, wenn möglich auch beide, das werden Sie nicht zulassen und es als Demütigung empfinden, ich aber sehe darin nur Unterwerfung, eine ihrer Hände zu ergreifen und sie ehrerbietig und leidenschaftlich zu küssen: Ihre Finger sind ohnehin eingeschmiedet in einen Panzer aus Ringen, der die Glut der Küsse abkühlen wird. Am liebsten hätte ich vor Freude geweint, aber es waren lauter Beamte in der Nähe, ich war im Dienst (als der Brief kam), sie hätten gedacht, ich sei übergeschnappt. Doch Sie werden sicherlich auch ohnedies verstehen, wie froh ich bin: faut-il encore mettre les points sur les ii?* Aber denken Sie ja nicht, dass Sie sich als Erste meiner erinnert haben und nicht ich Ihrer, dass Sie mir als Erste geschrieben haben und nicht ich Ihnen: der Beweis müsste längst in Ihren Händen sein – mein Brief nämlich, der andere Beweis um Ihre Schulter liegen – die Saloppe,

* (franz.) Muss ich denn noch einmal den i-Punkt setzen?

und der dritte – sich vor Ihren Augen befinden: das sind die Bücher. Sie konnten natürlich nicht vermuten, dass mein Brief dem Ihren schon entgegeneilte, haben nicht gespürt, dass Ihnen unablässig mein Gedanke hinterherstürmte, dass er, wie eine zudringliche Fliege, neben dem Zug dahinflog, vorwitzig in den Familienwaggon eindrang, Sie aufgeregt inmitten all der Bündel, Säcke, Kinder, alter und junger Fürstinnen ausfindig machte, in Ihrer Nähe für ein, zwei Stunden rastete und dann müde und erschöpft in das von Ihnen so geliebte Petersburg zurückflog und jetzt eifrig herauszubekommen sucht, wem Ihr bekümmertes Mitgefühl galt und wem Ihre Tränen ... Nein, Ihre Freundschaft ist nicht imstande, die meine einzuholen, auch kann sie ihr weder zuvorkommen noch sie überflügeln, davon werden Sie mich nicht überzeugen. Ihre Freundschaft ist wie ein leichter, kühler Lufthauch an einem Sommertag, er streichelt und kost die Nerven, bringt sie angenehm zum Schwingen wie Saiten und erzeugt Musik im gesamten Organismus. Meine dagegen dringt überall ein wie die Luft, nimmt alles in Besitz und strömt in die Lungen: man muss schon auf den Meeresboden ausweichen, um ihr zu entgehen. Wie schön es wäre, würde sie Ihnen so unentbehrlich werden wie die Luft und würden Sie nicht wünschen, sich zum Schutz in einen Fisch zu verwandeln. Sie schreiben, dass Sie geweint haben, worüber denn? Vielleicht aus Ärger, dass ich aus lauter Egoismus am vergangenen Montag keine Theaterkarte besorgt habe? Des choses les plus sûres* etc. Nein, fort mit der skeptischen Devise, zumindest jetzt, wo ich fröhlich bin. Wissen Sie eigentlich, wie leid es mir tut, dass ich nie Ihre Tränen gesehen habe: ich brauche sie, um mir ein vollständiges Bild von Ihrer Physiognomie machen zu können. Wären Sie hier, ich wäre imstande, Sie zu beleidigen, nur damit Sie weinen, dann könnte ich sehen, wie aus Ihren Augen »diese Perlen tropfen«, wie der Dichter sagen würde, vor allem im Orient. Besonders gern würde ich jene Tränen sehen, von denen Sie schreiben, zählen, wie viele insgesamt Sie vergossen haben, erfahren, ob einige davon auf mein Konto gehen, und wenn ja, wissen wollen, wie viele genau. Zählen Sie doch einmal nach, wenn Sie Zeit haben, und lassen Sie mich das Ergebnis so genau wie möglich wissen. Sie antworten darauf immer, dass »Tränen das Gesicht entstellen, dass die Augen rot werden« etc. Mein Gott: sind denn etwa nur trockene und klare Augen schön? Wenn sie gemalt werden, meinetwegen, aber wenn man Augen wie die Ihren nie vergessen will, muss man sie hin und wieder weinen gesehen haben. Sie wissen doch, wessen Begleiter Tränen sind, aber Sie haben nie Sorge getragen, dass ich Ihre Augen nicht vergesse und mir natürlich deshalb nie Ihre Tränen gezeigt.

Auch konnten Sie nicht vermuten, dass in meinem Kopf, nein, das stimmt nicht, in meiner Seele, bereits der Plan für das beiliegende Kapitel eines Romans reifte, kaum dass Sie an Twer vorübergefahren waren. Und Sie hatten sich in

* (franz.) Die sichersten Dinge usw.

Moskau noch nicht wieder eingerichtet, als der Plan schon zu Papier gebracht war, gerade schreibe ich alles ab, morgen schicke ich es Ihnen dann per Post – doch es handelt sich nicht um jenen Roman, der um Ihretwillen in anderthalb Jahren fertig sein soll, sondern um jenen, der in der Seele des Helden begann und Gott weiß wann enden wird. Es ist eine der schmerzlichen, betrüblichen Seiten des Romans. Auf Ihnen lastet nun die traurige Pflicht, sie zu lesen. Die Freundschaft des Helden ist eine schwere Bürde. Ich schwanke sogar, ob ich diese Beichte des Helden überhaupt abschicken soll, die recht unschön ist, wie eine Wunde, die man einem Freund nur deshalb zu zeigen sich entschließt, weil man hofft, statt Abscheu Mitgefühl zu erregen. Die Heldin hat viel Macht – mit ihrem Blick, ihrer Stimme, ihrem Wort: in Ermangelung der beiden Ersten könnte das Letztgenannte wohltätige Wirkung entfalten und hat dies bereits getan. Ich schicke das Kapitel auch deshalb, weil es Sie unterhalten und zum Lächeln anregen soll, gelegentlich werden Sie nicht ohne Mitgefühl sehen, wie qualvoll der Held die Heldin bis in die kleinste Sommersprosse im Gesicht, den winzigsten Makel ihres Gewissens erforschen möchte, um sie entweder ohne jede Einschränkung zu lieben oder die Zweifel zu klären und sie mit sämtlichen Sommersprossen und Makeln zu lieben. Sollte Sie dieser Kampf tatsächlich gleichgültig lassen, aus dem ihm entweder heraushelfen kann, dass ihn die Heldin vergisst oder dass sie innig an seinem Geschick Anteil nimmt?

Auch ich nehme Anteil am Schicksal des Helden: er tut mir leid. Jene Teilnahme, an der es ihm im Leben mangelte, wird er nicht mehr finden, ein einsames, trauriges Alter steht ihm bevor. Wenig Gutes liegt hinter ihm: bisweilen ließ er sich ohne Sinn und Verstand hinreißen und litt oft darunter, dass er an die Dinge allzu wohlmeinend heranging. Daher seine Zweifel.

Bevor Sie aber etwas zu dem Fragment selbst sagen, teilen Sie mir doch bitte möglichst schnell mit, dass Sie es erhalten haben.

Heute habe ich Ihr Armband und Ihre Spange abgeholt: ich will sie Nikolai Apollonowitsch bringen, der Ihnen die Porträts schicken wird. Ich schrieb Ihnen ja schon, dass ich eines davon gewaltsam an mich nahm, doch es wurde mir für eine gewisse Zeit wieder abgenommen, um eine neue Fotografie anzufertigen. Ich werde mir noch einen Abzug des letzten Porträts geben lassen, das gut geworden ist, und dann wird alles in den Tiefen meines Schreibtischs versenkt.

Ihre Nachricht habe ich nicht am Freitag, den 21., erhalten, wie Sie annahmen, sondern heute, am 24.; sie kam am 22., doch gestern und vorgestern war ich wegen der Feiertage nicht im Dienst, wo der Brief auf mich wartete. Sie müssen mich nicht daran erinnern, dass ich ihn niemandem zeigen soll – ich werde weder den nächsten, noch den dritten oder den hundertsten jemandem zeigen, sollte er denn kommen. Tun Sie dasselbe auch mit meinen Briefen.

Ich danke Ihnen für die richtige Adresse, ist sie aber wirklich richtig? Die Kirchgemeinde fehlt. Meine Adresse haben Sie wie üblich verloren, wie ich sehe, ich hätte mich auch gewundert, wenn es anders gewesen wäre. Aus dem Gedächtnis aber haben Sie wer weiß was geschrieben, viel Überflüssiges. Weder das Ministerium noch mein Titel sind nötig. Auf einem gesonderten Blatt füge ich bei, wie es richtig heißen muss.

Nun ist es an mir, mich über Ihre Zeilen *zu wundern* und *entzückt zu sein*. Die Anmut Ihres Verstands oder eine gewisse, selten bei Ihnen in Erscheinung tretende Gefühlswärme bestechen mich, ich kann mich einfach nicht satt lesen an Ihrem Brief. Lassen Sie sich von meiner Reaktion nicht in Versuchung führen und schreiben Sie weiterhin so aufrichtig und offenherzig, wie Sie das bei Ihren Freunden immer tun.

Weshalb nur sind Sie weggefahren? Entweder hätten Sie überhaupt nicht kommen sollen, und wenn Sie schon gekommen sind, dann hätten Sie nie abreisen dürfen. Dies soll Sie ein wenig an die Lektionen von Stepan Semjonowitsch erinnern, an die römische Geschichte und an die Reaktion der Römer auf Augustus, also das bekannte Dilemma.

Sie stellen mir einen Brief in Aussicht – so viel Hoffnung und Freude! Werden Sie mir dann vielleicht auf das Fragment auch mit einem Fragment antworten? Ja? Ich werde mich gedulden.

Hier hat wieder der normale Alltag Einzug gehalten, wie er war, bevor Sie gekommen sind: was soll ich damit anfangen? Ich möchte nichts und nirgendwohin. Einige Abende und Einladungen zum Mittagessen habe ich schon abgesagt. Jetzt ist es Abend: ich bin nicht ausgegangen, schreibe und bin nicht niedergeschlagen. Das ist mir lange nicht passiert, mir scheint, noch nie.

Bei den Maikows ist es wie immer. Gestern, am Sonntag, haben sich alle besonders lebhaft an Sie erinnert. Koschewski und Michailow waren da. Es wurde gesungen, unter anderem das »Vögelchen«, sogar in zwei Fassungen, in der alten und der neuen. Michailow sang die Romanze aus dem »Rigoletto«, die Sie kennen. Von Zeit zu Zeit kamen Jewgenija Petrowna und die Alte zu mir mit der Frage, warum ich so finster, apathisch und träge sei, andere konstatierten einfach, ich sei »dick«. Mir lag schon ein Kalauer auf der Zunge, doch ich schwieg. Turgenjew wollte kommen, aber er versetzte uns, Lchowski, Konstantin Apollonowitsch, Dudyschkin und Solonizyn waren da, sonst niemand. Vor dem Abendessen habe ich mich mit Jewgenija Petrowna gestritten und nach dem Abendessen mit der Alten. Jewgenija Petrowna fragte mich: »Woran denke ich gerade?« – »An das Abendessen, ob der Braten nicht angebrannt ist«, sagte ich, denn es wurde gerade der Tisch gedeckt. »Bin ich etwa eine Köchin?«, entgegnete sie. »Eine gastfreundliche Hausherrin«, antwortete ich und suchte so schnell wie möglich ihre Verzeihung zu erlangen, indem ich ihr die Hand küsste. Und mit der Alten geriet ich in einen kleinen Streit darüber, wo Sie beim Abendessen gesessen haben. Sie sagte, links von Jewgenija Petrowna, ich dagegen war der Ansicht, rechts von ihr. Wir wandten uns an Jewgenija Petrowna. »Mama hat es vergessen«, sagte die Alte, und statt zu fragen, wo Sie gesessen haben, fragte sie: »Nicht wahr, maman, Jelisaweta Wassiljewna hat hier gesessen?« Und Jewgenija Petrowna stimmte ihr zu. Diese Fragestellung fand ich hinterlistig, und ich nannte dies ein »katzenhaftes Verhalten«. Darauf warf mir die Alte vor, mein Charakter lasse seit einiger Zeit Nachgiebigkeit und Güte vermissen, ich sei sehr nett gewesen, jetzt aber sei ich nicht mehr nett. Mein Diener sagt das auch. Seit heute Vormittag aber bin ich wieder netter. Gestern war noch Benediktow da. Apollon las wieder seine »Dante-Imitation«, die abermals großen Eindruck machte. Das Gedicht ist tatsächlich sehr gelungen.

Was ist das nur für ein Wetter: das reinste Matschwetter, es gießt in Strömen. Alles nur, weil Sie abgereist sind. Der Gedanke an das Konfekt verfolgt mich immer noch. Die falsche Scham, mit einer Pralinenschachtel bei Ihnen aufzutauchen und mich lächerlich zu machen, hat mich des Vergnügens beraubt, Ihnen eine Freude zu bereiten. Es sieht ganz so aus, als liebte ich Sie noch zu wenig. Jetzt kann ich an keiner Konditorei mehr gleichgültig vorübergehen. Ich werde versuchen, Ihnen etwas zu schicken, aber wie? Kladbischtschew will ich es nicht mitgeben, der wird es

Die Familie Maikow.
Sohn Leonid, Jewgenija Maikowa, Nikolai Maikow, Sohn Walerijan (v.l.n.r.)

aufessen: wieso nur fährt er überhaupt dorthin? An allem sind Sie schuld.

Geben Sie mir Ihre Hand, besser beide Hände – und leben Sie vorerst wohl. Ihr treuer, treuer und ergebener Freund

Gontscharow

Ein dummer Brief: aber woher den Verstand nehmen? Sie sind ja nicht mehr da. Solange Sie hier waren, hatte ich Flügel, jetzt sind sie abgefallen.

28. Oktober 1855
Nie hätte ich gewagt, Sie mit diesem dritten Brief zu belästigen, hätten mich Jewgenija Petrowna, bei der ich gestern den Abend verbrachte, und die dort anwesenden Jekaterina Pawlowna (also die Alte), Junija Dmitrijewna und Anna Iwanowna nicht mit Fragen überschüttet, warum von Ihnen weder ein Brief noch eine Nachricht käme. »Ich weiß es nicht«, antwortete ich. »Haben Sie vielleicht etwas bekommen?« – »Nein, ich habe auch nichts bekommen.« Daraus zog man den Schluss, dass Sie die Briefe wahrscheinlich auf den üblichen Postweg geben, weshalb sie einige Tage, ja fast eine Woche lang unterwegs sind, wo doch alles, was man bis halb elf direkt am Bahnhof abgibt, noch am selben Tag befördert wird und am nächsten, höchstens aber am übernächsten Tag ankommt. Meiner skeptischen Devise entsprechend, dachte ich, oder besser

gesagt, konnte ich keine andere Erklärung finden als die, dass Ihre Moskauer Freunde, über die Sie sich in so warmen Worten geäußert haben, die hiesigen, wie es scheint, ein wenig aus dem Gedächtnis verdrängt haben könnten, vielleicht aber lenkt auch ein von hier herbeigeeilter Freund Ihre Aufmerksamkeit vom Ihnen unlängst noch so lieben Petersburg ab. Wie auch immer, dieser traurige Umstand, das heißt, das Ausbleiben Ihrer Briefe, hat mich veranlasst, Ihr Porträt aus dem Schreibtisch herauszuholen, es vor mir aufzustellen und auf diese Weise mit Ihnen zu plaudern. Während ich Sie, zarteste (zumindest der Farbe Ihrer Haut nach zu urteilen) Freundin Jelisaweta Wassiljewna, über die Anteilnahme des kleinen Kreises Ihrer Verehrerinnen und Verehrer an allem, was Sie betrifft, unterrichte, möchte ich unter anderem auch erwähnen, dass das letzte von Ihnen in Auftrag gegebene Porträt bereits fertig ist, doch erst gestern Vormittag ausgeliefert werden konnte, da es an Sonne mangelte, in zwei Exemplaren, von denen ich mit Ihrer Erlaubnis eines an mich nahm und das andere Nikolai Apollonowitsch übergab, der es Ihnen schicken wird, sobald er einen Brief von Ihnen bekommt, zusammen mit dem Armband und der großen Spange, die ich gestern Jewgenija Petrowna übergeben habe. Es ähnelt Ihnen durchaus, doch Sie sehen auf dem Porträt fünf Jahre älter aus – und außerdem, wo ist ihr geistsprühender, gütiger Blick geblieben, wo die Weichheit der Züge, die so harmonisch mit der magischen Farbe Ihres Wangenrots, der Blässe des

Gesichts und dem Glanz Ihrer Augen verschmilzt? Dies alles fehlt, doch das Gedächtnis des Herzens und viele unauslöschliche Spuren Ihrer Anwesenheit ergänzen es, kurz, Sie leben hier inmitten Ihrer Freunde und werden es kraft Ihrer äußeren und inneren Schönheit noch lange tun. Amen.

Nikolai Apollonowitsch und ich sind am selben Vormittag, mit nur einer Stunde Unterschied, bei Lewizki gewesen, um die Porträts abzuholen. Bei beiden von uns hat er sich bitter über den »Freund Ihrer Kindertage« beklagt, er sei am Abend zu ihm gekommen, »dieses Jüngelchen, so ein Kornett, ein Stutzer und Lump« (seine Worte), dann nannte er seinen Namen, genauso wie ich ihn nenne, habe »gelärmt, geschrien, man solle ihm die Porträts aushändigen, habe anmaßend gefordert, man möge sie ihm noch in derselben Nacht schicken, es werde schlecht gearbeitet, weshalb sie nicht fertig seien, er reise ab usw.« Lewizki antwortete, dass er sie ihm nicht ausgehändigt hätte, selbst wenn die Porträts fertig gewesen wären, denn ohne Anweisung händige er niemandem Porträts von Damen aus, er wisse lediglich, dass Maikow und Gontscharow *mit ihr* bekannt seien, denen werde er sie aushändigen, ihm aber nicht. »Ich will weder etwas von Maikow noch von Gontscharow hören«, schrie der Freund aus Kindertagen, »ich reise ab, weshalb sind sie nicht fertig? Und sagen Sie Maikow auch, er soll mir irgendeine Saloppe schicken. Diese Weiber! ...«, schloss er ärgerlich. Dies ist der exakte Wortlaut, wie ihn Lewizki sowohl mir als auch Nikolai Apollonowitsch wiedergegeben hat.

»Schreiben Sie das Lisa bitte, wenn Sie ihr vor uns schreiben sollten«, sagte Jewgenija Petrowna gestern zu mir. »Wieso? Das möchte ich nicht, schreiben Sie es ihr lieber selbst, wenn Sie es für nötig erachten.« – »Nein, besser Sie«, beharrte sie, »ich werde vorläufig nicht dazu kommen, ihr zu schreiben.« – »Sollte ich ihr dann nicht wenigstens einen Rat von Ihnen zukommen lassen, damit sie künftig in der Wahl ihrer Gewährsleute oder überhaupt ihrer Freunde etwas vorsichtiger ist, so etwas in der Art; wodurch sollte sie sonst davon erfahren ...« – »Das versteht sich von selbst.« – »Gut, ich werde ihr schreiben, aber hinzufügen, dass es in Ihrem Auftrag geschieht.« – »Ja.« – »Sollte ich nicht auch anführen, dass man in der Kindheit zusammen Unfug treiben, spielen und einander an den Ohren ziehen kann, einen aber später, ist man erwachsen, nichts mehr verbindet?« – »Das kann nicht schaden.« – »Und dass nicht der Titel eines Freundes entscheidend ist, sondern seine Persönlichkeit, dass Liebe und Vertrauen zu Freunden aus Kindertagen nicht zum Prinzip erhoben werden dürfen, das hat nicht den geringsten Sinn, sondern dass man bei der Wertschätzung dieser Güter streng und wählerisch sein muss, dass aus einem Freund aus Kindertagen, den man 10 Jahre (minus 10) nicht gesehen hat, wer weiß was werden kann.« – »Gut, gut«, sagte sie. »Dass man in den Salons, bei der Parade präsentabel sein und sich von seiner besten Seite zeigen kann wie eine Ware, an anderer Stelle aber anders ist?« – »Ja, ja.«

Das alles teile ich Ihnen einzig auf Wunsch von Jewgenija Petrowna mit, vor allem aber auch, weil Sie, ihrer Meinung nach, für sich daraus vielleicht eine kleine Lehre ziehen können. Sie liebt Sie nicht nur, sondern achtet Sie auch, wie alle Ihre Freunde hier: nur mit Liebe allein, ohne Achtung wie natürlich auch nur mit Achtung allein und ohne Liebe ist es unmöglich, überall einen so angenehmen Eindruck zu hinterlassen, wie Sie es getan haben. Jeder ist von Ihrer Schönheit, Ihrer Eleganz, Ihrer Güte und Ihrem Geist angetan, von allem, mit dem Sie *le hasard** so reichlich bedacht hat, gleichzeitig aber nicht weniger angetan von der Würde, mit der Sie davon Gebrauch machen. Vermutlich deshalb lässt Ihnen Jewgenija Petrowna diese ihrer Meinung nach nicht unwichtigen Ratschläge und Warnungen zukommen.

Indem ich Jewgenija Petrownas Wunsch erfülle, halte ich es angesichts Ihres Verstands und Taktgefühls für überflüssig zu erwähnen (eine ähnliche Warnung hat mir schon einmal Ihren Zorn eingebracht), niemandem etwas über das hier über den »Freund aus Kindertagen« Gesagte zu erzählen oder zu schreiben, denn Lewizki hat es uns im Vertrauen darauf mitgeteilt, dass es nicht weitergegeben wird. Ich rate Ihnen, weder den »Freund« selbst noch Ihre Cousine danach zu fragen, nehmen Sie es einfach zur Kenntnis und vernichten Sie diesen Brief.

* (franz.) Der Zufall.

Vergessen Sie auch nicht, Jewgenija Petrowna zu schreiben, wie und wohin sie das Porträt schicken sollen. Falls Sie ihre Adresse nicht notiert haben, dies ist sie: *Bolschaja Sadowaja, gegenüber dem Jussupow-Garten, früheres Adamsches Haus*, wem es heute gehört, weiß ich nicht (es ist auch ganz einerlei, der Brief wird in jedem Fall ankommen), *Eingang von der Sadowaja aus;* und vergessen Sie nicht, ein Wort für Junija Dmitrijewna beizufügen, ein halbes Wort für die Alte und Grüße an Anna Iwanowna (diese Ratschläge kommen von mir). Darüber werden sie sich sehr freuen. Ich will Ihnen sogar ein bisschen Klatsch erzählen und Ihnen ins Ohr flüstern, dass sich alle ein wenig *gewundert* haben, weil eine kurze Nachricht von Ihnen eingetroffen ist, dass Sie die Saloppe bekommen haben, ein Brief aber nicht. Ich habe sie beruhigt und gesagt, dass der Schaffner Sie sicherlich zur Eile angetrieben hat, wovon ja auch die Nachricht auf dem erstbesten Zettel zeugt.

Noch ein wenig Klatsch gefällig? Bitteschön! Was tue ich nicht alles für Sie? Eine sehr nette Person bemerkte: »Wieso fährt *sie* denn ausgerechnet mit *ihm*? Das gefällt mir nicht.« Zur Rechtfertigung fühlte ich mich verpflichtet zu sagen, *er* habe vermutlich die Absicht, eine *andere* zu treffen, und fügte dann noch hinzu, sie hätte hier ja bisweilen auch ein anderer nach Hause begleitet oder von zu Hause abgeholt ... »Da ist sie ja durch die Stadt gefahren, 2 Werst, nicht aber 100 Werst und außerdem nicht mit einem zwanzigjährigen Jüngelchen, und schließlich ...«

Hier wurde ein Kompliment an die Adresse dieses anderen laut, das ich ungern wiedergeben möchte. Ich hoffe, Sie nehmen mir dieses *Echo,* wie auch all die anderen *Echos,* nicht übel. Sie haben ja selbst gesagt: »Schreiben Sie mir alles« und mir versichert, ich würde Ihnen dennoch »angenehm« sein. Wir werden sehen, ob es stimmt. Ich hoffe, man wird Ihnen diesen Brief ins Dorf nachsenden, wenn er Sie nicht mehr in Moskau antreffen sollte. Leben Sie wohl.

Was aber, wenn morgen plötzlich ein Brief von Ihnen kommt? Macht es nichts, wenn ich Ihnen darauf wieder schnell antworte? Sagen Sie geradeheraus, wenn Ihnen das missfällt, dann werde ich auf der Stelle verstummen und wie vom Erdboden verschluckt sein.

Die Familie des Architekten Stakenschneider, deren Bekanntschaft Sie gemacht haben, wünscht, dass mich Jewgenija Petrowna zu ihnen mitbringt: sie hat es versprochen, du lieber Himmel, jetzt versucht sie dauernd, mich dazu zu bewegen, dass ich am Sonnabend hinfahre. Ich werde es wohl tun müssen. Soll ich der Buckligen mit dem klugen Gesicht etwas von Ihnen ausrichten?

Tepljakow ist unfähig, jemanden zu einem Besuch bei sich zu bewegen: die Maikows gehen nicht hin, mich und Jasykow hat er eingeladen, wir gehen nicht hin, auch Dudyschkin, Krajewski und mich hat er eingeladen, die beiden gehen ebenfalls nicht hin. Jewgenija Petrowna empfängt jetzt immer an jedem zweiten Sonntag: jeden

Sonntag wäre zu viel. Entschuldigen Sie, dass ich Ihnen das alles schreibe, entschuldigen Sie überhaupt, dass ich Ihnen schreibe: ich hoffe ganz auf Ihre nachsichtige »Hostie« für mich. Heute habe ich die Feder einzig aus dem Grund zur Hand genommen, um Sie davon in Kenntnis zu setzen, dass die Maikows Briefe von Ihnen erwarten. Ich werde Ihnen wohl überhaupt seltener schreiben, vielleicht gar nicht mehr, um Ihnen nicht lästig zu fallen.

Der Herr mit dem *Vogelgesicht* (wie Sie böse sagten) war am Sonntag bei den Maikows, natürlich in der Hoffnung, dort jemanden zu sehen, aber – Pech gehabt! Was ist das nur, alle verzehren sich nach Ihnen: nur mir allein macht es nichts aus. Ich habe Jewgenija Petrowna gesagt, dass ich Ihnen schreiben werde, dass ich als Einziger nicht betrübt bin. »Ja, das wird sie Ihnen sicher glauben!«, waren ihre Worte.

»Pour et contre«

»Wem sie sie wohl schenken wird?« – »Ich denke dem, der sie nach Moskau bringen soll.« – »Dem Jüngling, diesem Jüngelchen: Sie sind wohl nicht bei Troste. Eine anständige Frau ist überaus wählerisch und vorsichtig, wenn sie ihr Porträt verschenkt, und sie erst, mit ihrem Verstand und Taktgefühl! Man wird ihm die Porträts auch gar nicht aushändigen und sie per Post schicken.« – »Was spielt das für eine Rolle, dass er ein Jüngelchen ist, er hat schließlich ein *Pferd*, sie liebt das, außerdem lautet ihre Devise, *niemanden vor den Kopf zu stoßen.*« Die Hausherrin hatte das nicht gehört, sie war ins andere Zimmer hinübergegangen, und er flüsterte mir ins Ohr: »Sie ist mit verweinten Augen und vor Aufregung ganz trockenen Lippen auf dem Bahnhof erschienen ...« – »Das kommt daher, dass sie sich von Madame Jakubinskaja verabschiedet hat«, bemerkte ich. »Sie war so gut zu ihr ...« – »Das stimmt nicht«, schrie er mich an, »ich weiß, von wem sie sich verabschiedet hat. Es wäre ihr auch viel lieber gewesen, wenn wir nicht gekommen wären, um ihr das Geleit zu geben, als wir aber darauf bestanden haben, ist *er* nicht gekommen ...« – »Weil er *en grande tenue** war«, soufflierte ich. In diesem Moment sagte eine weibliche Stimme laut im Salon: »Eines Vormittags trank ich bei ihr Kaffee, dieser Jüngling war auch da: sie befahl ihm ausdrücklich, nach Moskau zu kommen, um sie aufs Land zu begleiten ...« – »Hörst du«, sagte mein Freund zu mir und wurde blass. »Das ist unmöglich«, sagte die Hausherrin, »da hat sie wohl gescherzt, was soll sie denn mit diesem Knaben!« – »Ich habe es selbst gehört, ich war dabei«, unterbrach sie wieder die weibliche Stimme. »Denken Sie daran, sagte sie, ich erwarte Sie in Moskau, ohne Sie reise ich nicht ...« Die Dinge standen schlecht, und ich hatte Mühe, sie zu verteidigen. »Er fährt doch nicht ihretwegen, sondern wegen der *Cousine* ...«, flüsterte ich ihm zu. Er trat mir auf den Fuß. »Das ist nicht wahr«, sagte er, »du glaubst ja auch, dass sie bei Netsch... zu Mittag gegessen hat. Nein, sie hält ihn in Reserve. Sie kennt ihn schon

* (franz.) Paradeuniform trug.

von klein auf, sie liebt ihre Kinderfreunde. Deshalb auch hat sie zwei Tage lang nichts von sich hören lassen, nachdem sie aus Zarskoje zurück war«, fügte er entsetzt hinzu, »sie hatte die Absicht, sich mit ihm zu treffen, in Anwesenheit Dritter aber wollte sie das nicht ...« Ich lachte. »Ich frage mich, was dich das angeht«, sagte ich, »dass sie diesem ... wie heißt er doch gleich, Mertwezow, ein Porträt schenkt oder ein anderes nach Kleinasien schickt, ein drittes nach Kasan usw. und es so anstellt, dass alle *mit ihr zufrieden sind*. Was berechtigt dich, so streng mit ihr ins Gericht zu gehen? Höchstens das Recht eines Hypochonders ...« – »Eines Freundes ...« – »Eines misstrauischen Freundes«, fügte ich hinzu (und stellte mich vehement auf ihre Seite). – »Sie liebt dich doch nicht?« – »Nein«, antwortete er mit trauriger Gewissheit. »Da hast du es! Die Rechte der Freundschaft aber sind sehr begrenzt ...« – »Wenn man unter *Freunden* einen Haufen alter Bekannter versteht, dann ja; wenn sich zwischen den Freunden aber starke, stabile Beziehungen entwickelt haben, ist es unmöglich, zwei solcher Freunde zu besitzen.« – »Du hast die Freundschaft doch selbst mit einer *Hostie* verglichen: sie einfach so zu essen, dazu ist sie zu trocken, zur Suppe, das gehört sich nicht, morgens zum Tee ist sie vertrocknet, und noch dazu ist sie heilig! Das ist nur recht und billig ...« – »Ich möchte nicht, dass von meiner *Hostie* Stücke abgebrochen werden zugunsten anderer«, sagte er. – »Das hieße also, dein Ideal ist eine Kokotte oder eine schwache Frau, wie viele ihresgleichen«, bemerkte ich. »Ach, sie ist ganz und gar nicht so«, entgegnete er lebhaft und schwärmerisch, »sie ist ein feinsinniges und elegantes Wesen, eine Aristokratin von Natur aus – alles vereint sie in sich, um die Einzige unter den Wenigen zu sein: Erhabenheit des Charakters, Reinheit des Herzens, Geradlinigkeit und Würde, und du sagst, sie sei wie ›viele ihresgleichen‹. Allzu viele Männer wie Frauen sind bestechlich, sie klatschen, eignen sich fremdes Gut an, aber wir beide tun das doch auch nicht, weshalb also willst du sie in diesen Haufen der dummen, oberflächlichen, banalen, verderbten Frauen stecken?« – »Ich will überhaupt nichts, ich denke nur, dass sie auf dem Lande, unter ihren Leuten, keine Gelegenheit hatte, Vorbilder für erhabene weibliche Vorzüge zu finden, dass sie, als feinsinniges Wesen, wie du sagst, mehr zur Zierde, für die Poesie, den Luxus und Glanz der Gesellschaft geschaffen ist, nicht aber für das Alltagsleben; sie ist wie ein wertvolles Gemälde ...« – »Sie besitzt aber viel Feingefühl und Verstand: schließlich ist sie auf dem Lande ja nicht dümmer geworden, sondern hat sich geistig entwickelt und ist vorwärtsgeschritten. Woher kommt denn nur diese Unzulänglichkeit in ihrer sittlichen Erziehung ...« – »Vielleicht daher, dass sie ein bisschen zu hübsch ist und die Verehrer ihr allzu dienstfertig, beharrlich, lebhaft und liebenswürdig alles zu Füßen legen: erst heißt es nein, nein, und dann schließlich erbarmt sie sich. Hätte sie früh einen ehrbaren Mann geheiratet, mit Herz und Verstand, so hätte der sie natürlich mit fester Hand zu ihrer Bestimmung führen können, und sie wäre eine perfekte Ehefrau geworden, vielleicht das Ideal der Ehefrau, wie die römischen Matronen. Jetzt aber ist sie dans une fausse position[*] oder, besser gesagt, position incertaine[**]. Und deshalb muss sie manchmal notgedrungen die Gefälligkeit irgendeines Jünglings zulassen, was sie unter anderen Bedingungen um nichts in der Welt getan hätte; so kommt es, dass sie ihm zulächelt, und vom Lächeln ist es natürlich nicht weit bis zum Händedruck usw. Wenn du mit deinen Vermutungen bezüglich dieses Jünglings recht hast, dann wirft sie mit Schätzen um sich, die unter anderen Umständen einem einzigen Glückspilz zufallen würden. Männer sind wie Dornbüsche: eine Frau, die sich unvorsichtig den Weg durch die Menge bahnt, wird an jedem Einzelnen wie an einem Busch einen Fetzen ihres Kleides hinterlassen, also ihrer weiblichen Würde, und wenn sie sich lange Zeit unter ihnen aufhält, so kannst du dir vorstellen, in welcher Verfassung sie von dort herauskommt.« – »Das ist wahr«, antwortete mein Freund. »Auch sie hat sich ja nach außen den Anschein stolzer Gelassenheit gegeben, mangels Interessen und eines ernsthaften Inhalts im Leben verbirgt sich dahinter aber nichts als das gleiche kleinliche Bestreben, *allen* zu gefallen, was sie mehr oder weniger klug und geschickt auszudrücken weiß ... und so wird sie voranschrei-

---

[*] (franz.) In einer misslichen Lage.
[**] (franz.) In einer ungewissen Lage.

ten auf ihrem Weg wie viele, bis sie verwelkt ist, ohne eine tiefe, dauerhafte Spur in einem ehrlichen, sie liebenden und verstehenden Herzen hinterlassen zu haben. Nur ihre Porträts werden uns im Alter voller Wonne daran erinnern, wie schön sie war, die künftige Generation aber wird uns ungläubig ansehen ...« – »Was für ein trauriges Bild du zeichnest ... wie schade das ist! Ja, ja, sie ist eitel und ruhmsüchtig«, sagte mein Freund nachdenklich, »dieser Wunsch, überall Porträts von sich zu verbreiten, zeugt davon, dass sie große Stücke auf ihren Ruf als Schönheit hält.« – »Weshalb sollte sie auch keine großen Stücke darauf halten: jeder tut das doch, jeder sollte große Stücke auf die ihm geschenkte Gabe halten.« – »Sie hat außerdem ein Poesiealbum, mit dem sie natürlich das Ziel verfolgt, überall den Tribut der Lobpreisungen einzusammeln und sie bis ins Alter zu verewigen.« – »Was ist denn schlimm daran«, sagte ich, »selbst wenn sie ein bisschen kokett ist und sich ihrer Schönheit bewusst – willst du ihr allein aus dem Grund, dass sie klüger ist als andere, sämtliche menschlichen Schwächen absprechen! Soll sie etwa erbauliche Reden führen oder mit den Alten über den Nutzen der Tugend und über die Schädlichkeit des Lasters reden ... Du würdigst nicht, dass sie die Lehrjahre der Jugend redlich und anständig absolviert hat, dass bis heute kein Gerede ihrem Ruf etwas hat anhaben können: ist das etwa kein Erfolg, bei ihrer Schönheit und ihrem nachgiebigen Herzen ...« – »Ja, das stimmt«, sagte er, verblüfft von der unerwartet energischen Wende meiner Verteidigung, versank in quälendes Grübeln und schien einen inneren Kampf auszufechten. »Doch wie sie jemanden bedauert hat«, fuhr mein Freund fort, »der nach Moskau umziehen wollte, ›wieso nicht nach Petersburg?‹, sagte sie lebhaft, ›wie leid Sie mir tun.‹ Wie niedergeschlagen sie war, weil sie ›von den Freunden‹ Abschied nehmen musste und darauf bestand, am letzten Abend gemeinsam ins Theater zu fahren …« – »Das tat sie aus Kummer«, sagte ich, »pour s'étourdir* …« – »Nein, nein«, beharrte er störrisch, »das ist nichts als Eitelkeit und Oberflächlichkeit. Sie sagt das nur, dass sie unfähig sei zu lügen, sie tut nur so, doch diese Gelassenheit und der Stolz helfen ihr, sich, ohne mit der Wimper zu zucken, in jenen Augenblicken zu beherrschen, in denen sich eine andere Frau unweigerlich verraten hätte. Erzähle ihr das alles, was wir über sie gesagt haben«, fügte er noch hinzu. »Weshalb?« – »Einfach so, weil ich es gut mit ihr meine.« – »Das ist geheuchelt.« – »Ach, nein«, sagte er fast unter Tränen. – »Versprich es mir.« Er versprach es. »Was willst du denn, was verlangst du von ihr?« – »Das weiß ich selbst nicht, ich verlange nichts, ich wünsche ihr lediglich Vollkommenheit – in allem, zu ihrem eigenen Wohl.« – »So denkst du also wie Gogols Pljuschkin, sie würde sich einem *erbaulichen Wort nicht verschließen?*« – »Nein, das genügt mir nicht, um berechtigt zu sein, mit ihr zu sprechen.« – »Meinst du etwa, wenn du ihr nur gut zuredest, wird sie mit diesem Mert-

* (franz.) Um sich zu betäuben.

wezow nicht zusammen aufs Land fahren, nicht des Morgens mit allerlei Jüngelchen Kaffee trinken und am Abend dem ›Freund‹ versichern, dass sie sie überhaupt nicht trifft, ihr Porträt nicht verschenkt usw.« – »Vielleicht wird sie es tatsächlich nicht tun?« – »Und was nützt dir das?« – »Mir nützt es nichts, aber ihr, ich sage das alles doch nur um ihretwillen.« – »Wie gut du bist. Und heiraten willst du sie nicht?« Plötzlich ging ein Strahlen über sein Gesicht: ein regelrechter Blitz glitt darüber hin und verschwand wieder. »Wie gern ich ins Paradies kommen würde, aber meine Sünden sind mir im Wege«, sagte er. »Heiraten«, schwärmte er laut, »das bedeutet doch, sich nie von ihr zu trennen, sich an ihren Augen, ihrem Verstand, ihrer Anmut zu erfreuen, ein beschauliches Leben zu führen und seine Bestimmung unter der Obhut ihres freundschaftlichen Blickes und den warmen Strahlen der bezaubernden Güte ihres Herzens zu erfüllen ... es hieße, nie sterben zu wollen – das ist ausgeschlossen, ausgeschlossen.« – »Da siehst du, was sie mit einem Freund anfangen kann und was es für einen Sinn hätte, auf ihn zu hören, wenn sie von ihm doch keinerlei Nutzen hat.« – »Wenn der Freund nicht heiraten kann, folgt daraus etwa, dass sie die Perlen ihres Geistes und ihres Herzens einfach so verstreuen muss? Sollte man sich etwa nur deshalb aufsparen und ein tadelloses Leben führen, damit man nicht das Missfallen anderer erregt«, bemerkte er verärgert. »Du bist verliebt und eifersüchtig«, sagte ich. Er schwieg. »Nein, so geht das nicht.« – »Vielleicht aber doch«, sagte er, »sie hat eine Unzahl von Vorzügen, glaube mir, mehr als sie Fehler hat: angeborene Ehrlichkeit, weibliche Güte, die sich in jener Anmut äußert, von der sie ganz durchdrungen ist, vom Scheitel bis zur Sohle; ihr Verstand ist geradlinig und klar, sie besitzt eine Logik, der man mit Sophismen kaum beikommt ...« – »Hast du es denn versucht?« – »Ein wenig, hauptsächlich, um sie auf die Probe zu stellen, und ... ich bin nicht gegen sie angekommen: zuerst hat sie nachgewiesen, worin der Sophismus besteht, dann hat sie meinen Wunsch erfüllt, doch aus anderen Beweggründen. Diese ganze Ehrlichkeit, dieser weibliche Stolz, diese Umsicht, sie sind nur ein wenig in Mitleidenschaft geraten während des langen jungfräulichen Lebens und der unbedachten Berührungen.« – »Sage es mir offen – würde sie dich vormittags empfangen, mit dir aufs Land fahren und dir ihr Porträt schenken ... welchen Rat würdest du ihr geben?«, fragte ich. Er wurde verlegen. »Ich ... ich ...«, begann er, »aber ich bin doch eine Ausnahme, ein Freund, ich würde das alles als ›Hostie‹ betrachten und hoffen, dass sie anderen nicht so begegnet ... Außerdem, weißt du was«, sagte er voller Überzeugung, »auch wenn ich ihr nicht die Leviten lesen würde, so würde ich mich an ihrer Begeisterung erfreuen, ohne sie zu missbrauchen, um dann mit meinem ganzen Leben dafür zu bezahlen. Aber das darf sich nicht wiederholen ...« – »Hast du irgendwann einmal mit ihr über ihre Fehler gesprochen?« – »Wenn ich sie einmal darauf hinwies, was ihr nicht gut zu Gesicht steht«, antwortete er, »so war es zwei Wochen später, als hätte es das nie gegeben.« – »Du wirst sie sicher darauf hingewiesen haben, dass ihr die Frisur nicht steht ...« – »Nein, nein«, sagte er ärgerlich, »ich wies sie zum Beispiel auf die provinzielle Pedanterie hin, mit der sie bisweilen mit ihrem Verstand kokettierte und posierte (woran übrigens nichts Verwerfliches ist: wir verurteilen das bei Frauen nur deshalb, weil ihnen eine allzu oberflächliche Rolle zugewiesen wird, es ist ja aber ein Zeichen von ernstem Verstand und dem Streben nach Rechtschaffenheit) oder im Gegenteil, wenn sie sich lange bei irgendwelchen Kleinigkeiten, Pensionatsgesprächen usw. aufhielt, mangels ernsterer Interessen, oder, falls sie diese denn haben sollte oder gehabt hat, so waren sie nicht zu bemerken ...« – »Und, was hat sie gesagt?« – »Alles war wie weggewischt, mir blieb nichts als *admiration* angesichts dieses Strebens nach Vervollkommnung; wie sie die kleinste Bemerkung über einen Fehler aufgreift, wie sie an sich arbeitet! Wenn das kein Zeichen von Ehrlichkeit, Tüchtigkeit, Güte und auch Selbstbeherrschung ist. Wie sollte man sie nicht lieben, wie sein Herz nicht an eine solche Frau hängen, wie sie nicht segnen, nicht ihre Nähe suchen, wenn nicht so, dann auf andere Weise, wie sollte man ihr nicht Glück wünschen, Glück, Glück und nochmals Glück! ...« – »Schon wieder die gleiche Leier, die Koketterie und die Eitelkeit aber hast du vergessen! ...« – Er fiel aus allen Wolken. »Ja, ja, das stimmt«, besann er sich, »und diese ihre Besserung«, fuhr er fort, »als

Folge meiner Bemerkungen über ihre Engstirnigkeit, über die Wortklauberei usw., geschah ebenfalls aus Eitelkeit. Die Bemerkungen betreffen ja allein das äußere Auftreten, sie war darauf bedacht, sich in den Salons tadellos zu verhalten, in der Öffentlichkeit taktvoll zu reden – alles wegen der äußeren Wirkung, wegen der oberflächlichen Absicht, die Menge zu beeindrucken, allen zu gefallen, ohne daran zu denken, irgendwelche kapitalen Mängel aufzudecken und zu beheben. Aber versuche einer, zu ihr zu sagen: kokettiere nicht, sei nicht nachlässig – weder physisch noch moralisch – das gilt ebenso, wenn sie Sachen aus ihrem Täschchen verliert, ihre Kleider zerreißt, Taschentücher und Geld auf dem Boden und den Diwanen verstreut, wie für die Beziehungen und den Verkehr mit den unterschiedlichsten Menschen. Wäge deine Beziehungen streng ab, verschicke deine Porträts nicht aus Eitelkeit und Koketterie in alle Himmelsrichtungen, vertraue nicht jedem blind, sei nicht hinterlistig ...« – »Du sollst nicht stehlen, nicht töten, kein falsches Zeugnis ablegen wider deinen Nächsten«, ergänzte ich, »du siehst doch, dass nichts dabei herauskommt.« – »Vielleicht nimmt sie es doch ernst.« – »Nein, deshalb werde ich es ihr auch nicht sagen. Wieso sagst du es ihr eigentlich nicht selbst? Du schreibst doch Bücher und kannst dich besser ausdrücken als ich. Begründe es etwas überzeugender, dann gebe ich das alles vielleicht an sie weiter, sonst wird sie wegen dieser unerbetenen Analyse ihres Verhaltens möglicherweise böse werden. Du bist immerhin ihr ›Freund‹, ich dagegen habe überhaupt keine Rechte.« – »Was heißt unerbeten: sie hat es ja selber verlangt und darum gebeten, dass ich mit ihr über ihre Fehler spreche …« – »Das ist etwas anderes. Und was dann?« – »Dann? Nichts: ich werde sie vergessen.« – »Weshalb denn und warum?« – »Einfach so. Mir bereitet diese Freundschaft Kummer. Kummer, weil sie eine Frau ist: ich kann mich an ihr doch schließlich nicht ergötzen wie Pygmalion an Galatea, und ich kann ihr auch nicht verbieten, sich für jemanden zu interessieren, wenn sie es dann aber tut … ist es mir irgendwie unangenehm. Eine merkwürdige Freundschaft ist das. Ich glaube, ich muss zuerst die Frau in ihr vergessen und ihr dann wie einem Freund gegenübertreten.« – »Und heiraten kommt nicht in Frage?«, erkundigte ich mich. »Schwerlich, wohl kaum: dafür müsste sie sich grundlegend ändern, dann aber wäre sie vielleicht nicht mehr so hübsch und anmutig …« – »Und nicht mehr so nachlässig.« – »Außerdem müsste sie mich lieben, und zwar sehr.« – »Und wenn sie einverstanden wäre, dich zu heiraten?« Er schüttelte zweifelnd den Kopf. »Das würde ihr, nebenbei gesagt, zu großer Ehre gereichen«, sagte er, »dies wäre ein weiterer wunderbarer Zug ihrer sittlichen Physiognomie.« Ich musste lachen. »Wie bescheiden du bist«, sagte ich. »Lache nicht«, erwiderte er. »Sie hat mir ihre Freundschaft nicht umsonst gewährt: sie sieht in mir, natürlich zu Unrecht und in übertriebenem Maße, die Verkörperung einiger sittlicher Vorzüge des Mannes – und darin kommt mehr als in allem anderen die Überlegenheit ihrer sittlichen Natur zum Ausdruck. Sie würdigt positive Eigenschaften ...« – »Doch um dich zu lieben, dazu reicht es nicht, stattdessen hat sie dir eine ›Hostie‹ offeriert, sie würde dich vielleicht auch heiraten; rote Wangen und feurige Blicke aber – das alles gilt Gefilden, in denen ein ›Pferd‹ herumgeistert und ein ›Feuerwehrhelm‹ usw. Da siehst du, wie oberflächlich und kümmerlich das alles ist – und worin sie sich von den anderen unterscheidet.« – »Ich sehe es, ich sehe es; ja – des choses le plus sûres la plus sûre est le doute.* Ich will sie schnellstens vergessen«, sagte er entschlossen. »Und wie willst du das anstellen?« – »Ich werde dies hier seltener anschauen«, er deutete auf das Porträt. »Dann gib es mir«, sagte ich und nahm das Bild an mich. Er stürzte sich auf mich, packte mich mit der einen Hand am Kragen und wollte mir mit der anderen das Bild entreißen. Es kam zu einem regelrechten Kampf zwischen uns. Schließlich riss er das Bild an sich und beruhigte sich. »Weshalb willst du mir meinen letzten Trost rauben, dieses anmutige Wesen zu betrachten und mir ihre inneren Vorzüge auszumalen.« – »Das ist tatsächlich eine gute Methode, um zu vergessen«, sagte ich. »Ich will es mir nur hin und wieder ansehen«, antwortete er, »an hohen Feiertagen oder wenn ich schlechter Stimmung bin, oder wenn ich etwas Böses vorhabe, oder danach ... im ersten Falle, um davon Abstand zu nehmen, im zweiten,

* (franz.) Von den sichersten Dingen ist das Sicherste der Zweifel.

um stärkere Reue zu empfinden.« – »Du bist unverbesserlich.«

»Ach, nein, ich fühle mich augenblicklich durchaus imstande, sie zu vergessen.« – »Ja, wie solltest du auch nicht: dein Ideal hält der Wirklichkeit ja nicht stand, nun, da du sie aus der Nähe betrachten konntest (wie sie es auch selbst vorhergesehen und prophezeit hat: sie kannte sich besser). Das Idol schwankt auf dem Piedestal: wenn du jetzt noch ein wenig männlichen Stolz, Würde und Stärke aufbringst – so kannst du in einem oder zwei Monaten ...« – »Ach ja, du hast recht: Diogenes hat am helllichten Tage mit der Laterne ›den Menschen‹ gesucht, ich suchte ›die Frau‹, und als ich *sie* gefunden hatte, wollte ich die Laterne löschen, jetzt aber ...« – »Jetzt?« – »Lasse ich es sein, man findet sie ja doch nicht, es ist mir auch lästig, und es ziemt sich nicht in meinem Alter ... Ich will lieber die Ruhe suchen – das soll von nun an mein Ideal sein.« – »Und wenn alle diese dunklen Seiten nur ein Gespenst sind, ein Phantom, wenn du das alles durch das Prisma ihres Vertrauens zu dir gesehen und daraus den Schluss gezogen hast, dass sie sich anderen gegenüber ebenso verhält – fürchtest du nicht, ihr Unrecht zu tun?« – »Nein, sie kennt mich, ich merke doch auch, dass ich es mit keiner ganz gewöhnlichen Frau zu tun habe. Und ich fürchte nicht, dass sie die Beweggründe falsch wertet, die mich veranlassen, mich so sehr mit ihr zu beschäftigen, sie wird das Unangenehme an meinem Charakter und ihre Schwächen gegeneinander abwägen und mich mit ihrem Lächeln bedenken, in dem so viel Anmut, Verstand und Güte liegt.« – »Nun, wenn all das in ihrem Lächeln liegt, so lächelt sie aus Koketterie. Dann ist es wirklich besser, ihr nichts zu sagen ...« – »Nein, nein: selbst wenn sie sich ein falsches Bild von sich macht, so wird sie ihre Gesichtszüge daran besser studieren können, und ich habe versprochen, ihr dabei zu helfen ...« – »Sieh mal einer an!«, sagte ich, »wird sie nicht sagen: ›*wie entzückend, wie erstaunlich*‹.« – »*Dies Herz, das heiß und treu geliebt, bald wird es nicht mehr schlagen ...*«, sang er zur Melodie von »Fra poco« aus »Lucia« und ging heim.

»Wann wirst du sie nur vergessen?«, rief ich ihm hinterher. »Wenn das eintrifft, von dem ich gerade singe«, und er sang weiter.

»Pour et contre«
Fortsetzung

Am Montagabend kam *mein bester Freund* mit leuchtenden Augen und einem Brief in der Hand zu mir gelaufen. »Wie müde und erschöpft ich bin vom quälenden Warten auf diesen Brief! Kannst du dir vorstellen, worin mein Leben seit jenem 18. Oktober bestanden hat?«, fragte er mich. »Nein, das kann ich nicht.« – »Im Warten auf Briefe von ihr und im Senden von Briefen an sie: in der Zwischenzeit nichts als müßige, welke, farblose Tage. Mein Kopf und mein Herz sind unermüdlich damit beschäftigt, zu berechnen, wann sie den Brief wohl erhalten und wann sie antworten wird und ob er lange braucht bis hierher. Heute bin ich so froh und glücklich, weil ein Brief gekommen ist, glücklich, weil ich darauf antworten kann, übermorgen werde ich ihn absenden, und dann setzt wieder die Apathie ein, das öde Dasein, bis ich aufs Neue zu warten und mich zu quälen beginne. Womit soll das bloß enden?«, sagte er entsetzt. »Mit nichts«, sagte ich gleichmütig, »zuerst wird sie dir zwei, drei nette Briefe schicken, der vierte wird schon kühler ausfallen, der fünfte (sollte es ihn überhaupt geben) wird auf sich warten lassen und der sechste ... kommt überhaupt nicht. Du wirst sie vergessen, sie dich erst recht, denn dort ist jetzt Mertwezow, sie verbringt ihre Zeit ja mit ihm ...« – »Du denkst also, dass sie ihre Zeit mit ihm verbringt ... mit diesem ...« – »Ja, das denke ich, mit diesem ... Du hast mich angesteckt mit deinen Zweifeln. Und wenn er es nicht ist, so ist es ein anderer, und noch dazu diese Briefe aus Kleinasien ... denk doch an die Arie des Rigoletto – ›La donna è mobile‹.« Und ich sang ihm die Arie vor. Nachdenklich ging er im Zimmer auf und ab, er tat mir leid, deshalb wiederholte ich die Frage noch einmal: »Was geht dich das alles überhaupt an: du hast ihr gegenüber doch keinerlei Absichten.« – »Niemandem gegenüber, das weißt du doch«, sagte er. »Weshalb also quälst du dich so? Antworte mir, liebst du sie?« – »Nein, das kann ich nicht, sie zu lieben, das wage ich nicht. Ich und lieben? Ihr plötzlich zu sagen: ›*Ich liebe Sie!*‹ Was aus dem Munde der

Jugend so schön klingt, würde sich bei mir abwegig anhören. Nein, nein, ich liebe sie nicht, fort, fort mit diesem Gedanken! Das ist der Teufel, der mich in Versuchung geführt hat. Weiche von mir, weiche von mir, du Verfluchter!«, sprudelte er heraus und lief durchs Zimmer. »Verschone mich, verschone mich, Herr im Himmel! Der Herrgott möge auferstehen, und Seine Feinde mögen weichen!!! Ich bin ihr verfallen, lass schnell einen Arzt kommen: ich finde keinen Platz mehr auf Erden. Bald scheint mir, dass ich mich in schrecklicher Dunkelheit befinde, am Rande eines Abgrunds, ringsum Nebel, plötzlich aber erglänzt das Strahlen ihrer Augen, das Schimmern ihres Gesichts und mir ist, als trüge es mich in die Wolken hinauf ...« – »Redest du von einem Traum?«, fragte ich. »Indessen«, fuhr er fort, »segne ich so oft das Schicksal, dass ich ihr begegnet bin: ich scheine besser geworden zu sein, zumindest habe ich mich, seit ich sie kenne, keiner einzigen Verfehlung gegen mein Gewissen schuldig gemacht, nicht einmal in einem anstößigen Gefühl. Immer meine ich, dass mir der sanfte Blick ihrer braunen Augen überallhin folgt, und ich verspüre eine ständige unsichtbare Kontrolle über mein Gewissen und meinen Willen. Was würde sie wohl über dies oder jenes denken, was sagen, frage ich mich immerzu.« – »Nun, mein Freund, du bist ein bisschen übergeschnappt, wie mir scheint«, bemerkte ich und steckte mir eine Zigarre an. »Als sei ich auf dem schmutzigen Pfad des Lebens einem Engel begegnet«, sagte er. »Was tust du, rauchst du gerade eine Manila-Zigarre?« – »Ja, warum?« – »Gib mir auch eine.« Hastig biss er die Spitze ab, verschluckte sie vor lauter Zerstreutheit beinahe, dann rauchte er die Zigarre an und fuhr fort: »Ja, ich bin einem Engel begegnet, er hat mich innehalten lassen, mich freundlich angeblickt und mit den Flügeln geschlagen ...« – »Und kikeriki gerufen«, unterbrach ich ihn. »Spottest du etwa auch dann, wenn es dir feierlich oder traurig ums Herz ist?«, fragte er aufgebracht. »Ja, immer und überall, Scherze kommen nie aus der Mode, auf sie ist immer Verlass, sie werden einem nicht über, ein Scherz in einem qualvollen Augenblick bewirkt, dass man lächelt, ein Scherz ... Also, was ist mit dem Engel?« – »Der Engel sagte zu mir: ›Du bist auf dem Irrweg und wirst in den Sumpf geraten, dies ist der richtige Weg‹, er nahm mich bei der Hand, wies mir die Richtung und verschwand. Zaghaft gehe ich jetzt diesen Pfad entlang, aber ohne ihn fühle ich mich verlassen, warum nur hat er mich allein gelassen? Ich bin ihm hinterhergelaufen, habe *danke* gerufen, er aber ist in der Menge verschwunden. ›Auch du bist auf dem Irrweg‹, rief ich ihm hinterher, ›schau doch, dort laufen Dämonen umher ...‹« – »Auf Russisch heißt das Geister«, bemerkte ich. »Sie haben menschliche Gestalt angenommen, Uniformen angezogen (manche haben sich auch auf *Pferde* gesetzt), sie werden dich in den Abgrund stoßen, denke an ›Maschenka‹ (von Apollon Maikow), du tust mir leid, Engel! An deinen Flügeln sind ohnehin schon zwei, drei Federn versengt, und deine Augen strahlen auch nicht mehr im Engelsglanz ... Der Engel ist davongeflogen. Bist du etwa eingeschlafen?«, fragte er plötzlich. »Schläfst du?«, wiederholte er. »Wie kommst du darauf!«, sagte ich und kam wieder zu mir. »Du bist also verliebt bis über beide Ohren, wie man sagt!« – »Nenne das Gefühl, wie du willst.« – »Eine Hostie.« – »Allerdings mit Gift getränkt«, fügte er hinzu. »Und was empfindet sie für dich?«, fragte ich. »So etwas wie Freundschaft, ein Gefühl wie ungesäuerter Teig, ohne den kleinsten Tropfen Sauerteig, ohne Gärung. Neugierig beobachtet sie, wie die Strahlen ihres Glanzes im trüben Spiegel meiner Seele blitzen, wie Sonnenstrahlen in einem überwucherten Teich, dabei ist sie gütig, hat ein weiches Herz, ist von meiner Aufmerksamkeit gerührt und dankbar, und mit eben dieser Dankbarkeit leuchtet sie mir sanft und warm. Müde, niedergeschlagen und seelisch am Ende, wie ich bin, macht es mich glücklich, dass ich mich an diesem freundlichen Feuer wärmen kann. Mehr zu wünschen und zu hoffen habe ich kein Recht. Doch ihr zu sagen, dass die Regungen ihres Herzens jede lebendige Anteilnahme vermissen lassen, dass dies alles bisweilen an Pflichtvergessenheit grenzt, dazu bin ich berechtigt. Einerseits ist dies sehr gut – zum Beispiel wegen der *Geister*, andererseits aber auch wieder nicht. Ich will mit einer Bagatelle beginnen, dass sie zum Beispiel bei der Begegnung mit jener Dame, die zu ihr sagte: ›Madame, Vous avez déchiré Votre robe‹,[*] sogar

[*] (franz.) Meine Dame, Sie haben Ihr Kleid zerrissen.

vergaß, sich zu bedanken (ich habe auch auf Kleinigkeiten geachtet!), und mit ihrem neuntägigen Schweigen nach ihrer Abreise enden, mit dem sie ihre Freunde bedachte, die sie so freudig empfangen und so betrübt verabschiedet hatten.« – »Der Geist wird zu Besuch gekommen sein und sie vermutlich gestört haben, er wollte die Tante besuchen, wenn er sie in Moskau nicht antrifft – wie liebenswürdig von ihm!« – »An ihren Gefühlen für ihre Freunde besteht kein Zweifel: sie liebt sie alle und denkt an sie, doch diese Sympathie sollte gelegentlich zu etwas lebhafteren Freundschaftsbeweisen führen, andernfalls könnte man annehmen, da sei gar nichts …« – »Was bist du bloß für ein *übereifriger* Freund, dauernd hast du etwas auszusetzen!«, bemerkte ich. »So höre denn, was ich dir raten will«, sagte ich ganz im Ernst, »vergiss sie …« – »Meinst du, das … muss sein?«, sagte er unter Aufbietung aller Kräfte. »Urteile selbst: Absichten ihr gegenüber hegst du keine, du bist verliebt, aber das ist kein Grund, sich unnütz aufzuregen und auch sie zu veranlassen, Gott weiß was von dir zu denken. Es wird ja nichts dabei herauskommen, höchstens die vage, zweifelhafte Hoffnung auf ein Wiedersehen, doch die Begegnung wird nicht mehr so lebendig sein, matt und rein freundschaftlich werdet ihr euch die Hand geben und den restlichen Weg irgendwie zurücklegen. Das ist doch weiter nichts als ein Traum: du weißt ja selbst nicht, worauf du ihn baust. Unterdessen schreibst du ihr, ihre Familie wird es bemerken und ernstliche Schlüsse daraus ziehen – überdenke, ob es gut und vernünftig ist, was du tust. Du bist ja erfahrener als sie ...« – »Aber sie ist doch nicht mehr achtzehn: das, was einem jungen Mädchen als Fehler oder Schuld angelastet würde, kann in ihrer Lage ja keinerlei anstößigen Verdacht erregen. Und außerdem ist es sehr tröstlich für mich; und vielleicht ist es auch für sie nicht uninteressant, hin und wieder eine Nachricht von mir zu erhalten ... Das ist die einzige Absicht, die ich mit dieser Korrespondenz verfolge. Ihrem Alter entsprechend hat sie doch eine gewisse Willensstärke bzw. müsste sie haben, die ein achtzehnjähriges Mädchen weder hat noch haben sollte.« – »Und wenn sie heiraten will? Und man dann von der Korrespondenz erfährt, was wird ihr künftiger Bräutigam sagen ...« – »Heiraten, sie!«, sagte er. »Wie, passt dir das etwa nicht?« – »Ach, nein, Gott möge ihr Glück bescheren ... sie soll ruhig heiraten, wenn sie ihr Glück findet ...« – »Dann schreibe ihr seltener.« – »Das kann ich nicht: entweder ich schreibe überhaupt nicht mehr oder ich schreibe ihr weiter, wie ich es jetzt tue.« – »Nun, dann schreibe ihr überhaupt nicht mehr«, entschied ich, »dies soll der letzte Brief sein.« – »Moment, Moment: nicht wir haben das Recht, dies zu entscheiden, sondern sie allein. Schreibe ihr das alles, *wie sie dann entscheidet, so soll es sein.* Freiwillig auf all das zu verzichten, dazu fehlt mir die Kraft, obwohl es sich *um ihretwillen* vermutlich gehörte.« – »Gut, unter dieser Voraussetzung werde ich ihr schreiben.« – »Dann hat es wahrscheinlich auch keinen

Sinn, ihr mein Porträt zu schicken? Ich werde wohl abwarten müssen, *was sie sagt*.« – »Ja.« – »Dann will ich mich morgen aufnehmen lassen ...« – »Weshalb denn?« – »Nur so, für alle Fälle ...« – »Ach, ich sehe, dass du dich weiter quälen willst, so wirst du sie nie vergessen.« – »Doch, *ich werde sie vergessen*, nur nicht so plötzlich. Sollte sie aber beschließen, dass es ungefährlich ist zu schreiben, dass es möglich ist, dass es ihre Angehörigen entweder gar nicht erfahren oder sich nichts weiter dabei denken werden, dass sie durch diese Korrespondenz ihre gute Meinung über mich nicht in Frage stellen wird, Außenstehende daraus keinerlei Brautwerbung ableiten und sie und ich das alles als Quelle eines unschuldigen, ja reinen Vergnügens betrachten, dann ... wieso darauf verzichten, vor allem, wenn sie gar nicht heiraten will?« – »Ach, lass das doch bleiben! Was bist du nur für ein Lump«, sagte ich. »Sie zeigt dir die kalte Schulter und ist dir gegenüber überhaupt gleichgültig, deshalb reagiert sie leidenschaftslos.« – »Und wenn sie die Korrespondenz so sieht wie ich«, bemerkte er, »als Quelle großen Trostes und unschuldigen Glücks, und wenn sie sie fortführen möchte, dann bist du der Lump! Du zweifelst, wie ich sehe, noch mehr als ich und hast *arrière pensée*.*«

3. November 1855

Sie hatten versprochen, den Maikows am Sonnabend, dem 22. Oktober, zu schreiben, geschrieben aber haben Sie ge-

* (franz.) Hintergedanken.

nau eine Woche später. Der Brief traf am Sonntagabend des 30. Oktober ein. Meine erste Nachricht erhielten Sie am Freitag, den 21., geantwortet aber haben Sie erst zehn Tage später. »Ständig wurde ich am Schreiben gehindert«, unwillkürlich aber fragt man sich: *von wem denn?* Sie machen sich keine Vorstellung, wie viele quälende Fragen hier im Zusammenhang mit Ihnen gestellt wurden: »Ist sie gesund, lebt sie? Bekommt sie unsere Briefe überhaupt?« Etc. etc. Am Sonnabend waren die Maikows und ich bei den Jasykows. So beiläufig es eben ging, fragte ich Jewgenija Petrowna, ob sie einen Brief von Ihnen bekommen habe. »Nein«, sagte sie. »Was hat das zu bedeuten?« – »Loin des yeux, loin du cœur«, antwortete sie und sah mich spöttisch an, ich aber sah meinen ebenfalls anwesenden *»besten Freund«* noch spöttischer an (jenen, über den Sie so wissbegierig Ihre Vermutungen anstellten und der sich Ihr Porträt angeeignet hat, kurz, der Held des Romans) und übersetzte ihm diese Redewendung ins Deutsche: *»Aus den Augen, aus dem Sinn*«*. Doch die Redewendung samt Übersetzung trösteten ihn keineswegs: er blieb weiterhin finster, bis zum Sonntagabend. Tags zuvor hatte er es nicht ausgehalten und Ihnen noch einen dritten Brief geschrieben, am *Freitag, den 28. Oktober* (an die alte Moskauer Adresse: lassen Sie ihn sich nachsenden). Am Sonntag waren wir bei der Alten (es war nicht Jewgenija Petrownas Empfangstag), mein Freund kam ebenfalls mit. Leonid schaute durch

---

* Im Original deutsch.

die Tür ins Vorzimmer: »Ist Jelisaweta Wassiljewna auch da?«, flüsterte ich ihm ins Ohr, wie damals, als Sie noch da waren. »Nein«, antwortete er ebenfalls flüsternd, »aber es ist ein Brief von ihr gekommen.« Meinem Freund fiel ein Stein vom Herzen. Augenblicklich wurde er fröhlich. Man gab ihm den Brief zu lesen, er las ihn laut vor, alberte herum, überall, wo es hieß »ich küsse Jekaterina Pawlowna«, setzte er seinen Namen ein, und als er las, dass Sie sich auch des Nachts bei den Maikows wohl gefühlt haben, fragte er Jewgenija Petrowna, was sie in der Nacht mit Ihnen angestellt hätten. »Haben Sie denn etwa keinen Brief von ihr bekommen?«, wollte Jewgenija Petrowna von mir wissen. »Nein.« – »Er wird sicher noch eintreffen.« – »Vielleicht: sie hat gesagt, dass sie antworten wird, wenn ich ihr schreibe, ich habe aber erst gestern geschrieben (damit meinte ich den Brief, der jetzt in Moskau liegt, vielleicht aber haben Sie ihn auch schon erhalten), deshalb habe ich noch keine Antwort.« Ich hatte eine Vorahnung, dass der Brief kommen würde, aber er lag noch im Ministerium.

Jetzt ist er endlich da, der Brief: wie viel Geist er wieder verströmt, wie viel Gefühl ... wollte ich gerade sagen, doch *mein Freund* steht neben mir, mit all seinen Zweifeln. »Gefühle!«, sagt er, »siehst du es denn nicht, erst nachdem sie den langen Brief von hier bekommen hatte, ist ihr plötzlich klargeworden, dass sie eine ganze Woche geschwiegen hat, deshalb hat sie gleichzeitig einen traurigen und einen fröhlichen Brief verfasst, wie um zu beweisen, dass sie jeden Tag an uns gedacht und nach und nach geschrieben hat, in Wahrheit aber ist alles an einem einzigen Abend entstanden. Sieh nur: sie tut so, als käme sie nicht darauf, wer das Porträt an sich genommen hat, erst nachdem der Brief ankam, erfuhr sie, dass du bei Lewizki warst! Als ob ihr der ›Freund aus Kindertagen‹, der am 22., am Sonnabend, von hier abgereist ist, ihr das nicht schon am Sonntag erzählt hätte. Er war ja in ihrem Auftrag ebenfalls bei Lewizki, und der hat ihm gesagt, wem er die Porträts gegeben hat.« – »Warum tut sie das nur?«, fragte ich ungläubig. »Was heißt warum? Um nicht zu erkennen zu geben, dass sie sich die ganze Woche über mit ihm getroffen hat, und dass er es war, der sie ›am Schreiben gehindert hat‹, eine falsche Katze ist sie, und was für eine. Und dabei sagt sie noch selbst: ›Sie könnten annehmen, dass ich die ganze Woche lang nicht an Sie gedacht habe‹, das heißt nichts anderes, als dass *das Kätzchen weiß, wo es genascht hat*. Von *ihm* aber kein Wort: als sei er gar nicht da, immerzu heißt es ›das Tantchen, das Tantchen‹! Und du wartest auf baldige Antwort von ihr, ist es nicht so? Sie wird sagen, ›das Tantchen ist schuld‹, und wenn es nun das Onkelchen ist, was dann?« – »Was geht es dich an?«, fragte ich ärgerlich. »Sie tut, was *ihr* gefällt.« Er rückte von mir ab und setzte sich in die Ecke, ich aber labte mich weiter an Ihrem Brief, mit Ausnahme der Sprichwörter, für die Sie eine Schwäche haben, wie ich auch hier wieder feststellen konnte, und nicht nur für Sprichwörter, sondern überhaupt für stehende

Redewendungen. Sprichwörter enthalten natürlich in verdichteter Form viele praktische Weisheiten, sie zu verwenden zeugt aber von einer gewissen Einfalt alter Leute, die denken: damit ist ja alles gesagt, wir sind zu träge, oder wir sind unfähig, selbst eine Meinung zu äußern. Deshalb auch ist es merkwürdig, sie aus dem Munde der Jugend zu vernehmen, besonders, wenn diese so viel Geist und Schönheit besitzt, wie ... eine meiner Bekannten.

Sie werfen mir vor, dass ich mich »indirekt« ausdrücke und in Anspielungen flüchte. Das kommt daher, dass mir immerzu ein fremdes Auge vorschwebt, das in meinen Brief lugt, vielleicht ist es das hübsche Auge Ihrer lieben Cousine, das würde ja noch gehen, aber wenn es eine Cousine männlichen Geschlechts wäre? In gewisser Weise habe ich auch recht: denken Sie an Madame Jakubinskaja und meine Nachrichten. Und außerdem sagen Sie ja, dass Sie sterben wollen. Wie könnte man Ihnen da noch bedenkenlos Briefe schreiben oder gar sein Porträt schicken? Sollten Sie also sterben – entschuldigen Sie die Frage –, werden Sie dann ohne Testament in den Himmel aufsteigen? Wem werden Sie alles hinterlassen? Äußern Sie in Anwesenheit von Außenstehenden bitte nie, dass Sie sterben wollen: wenn ein Mädchen schwermütig wird und Todesahnungen hat, erbleichen alle ihre Freunde und die in sie Verliebten (darunter auch mein *Freund*), die Energischen aber bemerken sogleich leichthin: »Sie muss schleunigst unter die Haube.« Wäre jedoch ein Arzt zur Stelle, so fände er sogleich eine derartige physiologische Erklärung für diese Schwermut, dass Sie lieber nichts davon hören wollten. Ich habe mehr Anrecht und Grund als Sie, dieses letzten und unabdingbaren Segens, des Todes, teilhaftig zu werden, doch als ich mich vorgestern stark erkältete und hohes Fieber bekam, jagte mir die Möglichkeit, ich könnte sterben, bevor ich den versprochenen Brief von Ihnen erhalten hätte, doch einen Schrecken ein. Wie lieb dieser Brief ist, so klug und warmherzig! Anders als mein *bester Freund* ergötze ich mich daran ohne die geringste Skepsis und denke: wenn Sie sich bloß nicht mit diesen Phrasen und literarisch-gedrechselten Redensarten schmücken würde. Ihr Verstand und ihr Herz sollten sich in einfacherer Sprache mitteilen. Ich weiß, dass Sie etwas gegen das Wort *Verstand* einwenden und sagen werden, Sie hätten nichts Kluges gesagt. Vielleicht nichts Neues oder Bedeutungsvolles. Muss ein kluger Mensch aber unbedingt immer etwas Neues, nie Dagewesenes sagen? Nein, er sagt gewöhnliche Dinge, aber auch sie zeugen von seinem Verstand, seiner Beweglichkeit, seiner Meinung. Der Verstand hat seine bezaubernde Anmut, wie die Schönheit, und er wirkt gleich stark, nur mit dem Unterschied, dass jene die äußerlichen Sinne beeinflusst, der Verstand aber unmittelbar die Seele berührt und folglich dauerhafter wirkt. Der Verstand der Frauen liegt im Gefühl: er wird von Letzterem vereinnahmt, bei Männern sollte das Gefühl dagegen wohl dem Verstand weichen. Sie besitzen darüber hinaus auch in der

Schönheit Verstand. Ja, ich wage sogar anzunehmen, dass es ohne Verstand keine Schönheit geben kann, oder es handelt sich nicht um Schönheit. »Diese hat«, heißt es, »ein schönes Gesicht, aus ihren Augen aber spricht Einfalt, gar Dummheit«, demnach ist nichts mit ihr anzufangen, sie ist keine Schönheit. Wenn bisweilen ein Verstandesstrahl, der in den Augen oder Gesichtszügen eines hässlichen Menschen aufblitzt, ihm eine gewisse Schönheit verleiht, wie veredelt der Glanz des Verstandes erst ein schönes Gesicht. Daher *cet air distingué** bei Ihnen. In Ihrem Brief (dauernd schreibe ich über Sie: was ist das nur!) kommt die Freundschaft – mit Ausnahme der geistreichen, schelmischen Bemerkungen und Repliken – so einfach, mit einer solchen Anmut zum Ausdruck, und die Worte klingen so zart, dass man nicht weiß, was wertvoller an Ihnen ist, Ihr Herz oder Ihr feinsinniger, zarter, weiblicher Verstand? Was, wenn er nicht aufrichtig ist? Wehe meinem *Freund*: es wird ihm sehr zu schaffen machen.

Der Verstand wäre allerdings nicht mehr Verstand zu nennen, wenn er in Haarspalterei ausartet, also seine Grenzen überschreitet: das heißt dann, den Klugen spielen, ebenso wie das Gefühl kein Gefühl ist, wenn es entgleist oder sich in Kleinigkeiten verliert, sein natürliches Terrain verlässt, in diesem Fall wird daraus Affektiertheit und Sentimentalität, es verliert seinen natürlichen Zauber und entfernt sich von der Wahrheit. Bei Ihnen ist das ganz und gar

* (franz.) Dieses distinguierte Aussehen.

nicht so und kann auch nicht anders sein. Instinktiv, vielleicht aber auch bewusst, umgehen Sie die Grenze und sind eher geneigt, ins Gegenteil, in trockene Redensarten zu verfallen, aus Furcht, das Gefühl könnte in eben diese Affektiertheit ausarten, und deshalb zeigen Sie keine Gefühle; sie fürchten Tränen, »*comme une faiblesse, indigne de Vous.**« Aber was rede ich da eigentlich? Vielleicht sind Sie irgendwann zu irgendwem gefühlvoll. Sie haben ja gar keinen Anlass, mir Ihre Gefühle zu zeigen, außerdem kann ich nur aus den Briefen schließen. Sie haben zugegeben, dass Ihnen »zwei, drei Mal die Tränen gekommen sind«, Gott sei Dank, auch das ist ein großer Erfolg in Sachen Freundschaft. Vielleicht erlebe ich es noch, dass sie eines Tages doch fließen! Oh, du Freundschaft, oh, du heilige Hostie, ich segne dich!

Jewgenija Petrowna und Madame Jasykowa haben am Sonnabend den Plan geschmiedet, mich zu verheiraten. Als ich am Sonntag bei Wladimir war, setzte sich Jewgenija Petrowna zu mir und begann ein sehr ernstes, leises Gespräch mit mir, weshalb ich in der weiten Welt herumgondele, zurückgezogen von den Menschen, der reinste Kain, ich sei zu nichts zu gebrauchen, bald werde eine stille Zeit anbrechen, in der der Mensch so sehr der Freundschaft bedürfe usw., es sei gerade ein nettes, gutes neunzehnjähriges Mädchen in der Stadt eingetroffen, sie besitze 300 Seelen und eine hübsche Nase, und sie möchten, dass ich sie heirate ...

* (franz.) Als eine Ihnen unwürdige Schwäche.

»Wieso erzählen Sie mir das?«, fragte ich. »Weil wir um Ihr Glück besorgt sind: wir sehen doch, wie unwohl Sie sich fühlen, es ist eine Nichte von Frau Jasykowa ... Heiraten Sie sie doch bitte«, belagerte sie mich mit zartem, dünnem Stimmchen. »Mit dem größten Vergnügen würde ich das für Sie tun«, sagte ich ihr, »aber Sie wissen doch, dass ich nie an eine Heirat gedacht habe, und jetzt ... da ich unlängst das Idealbild einer Frau vor Augen hatte und dieses Idol so stark von mir Besitz ergriffen hat, dass ich geblendet bin ... und nie heiraten werde ...« – »Nun, dann heiraten Sie ihr Idol«, unterbrach sie mich lebhaft, »seien Sie so gut«, fügte sie mit noch zarterer und dünnerer Stimme hinzu, »versuchen Sie es irgendwie ...« – »Sehr gut, ich will es versuchen ... aber nein, das ist ausgeschlossen ...«, sagte ich. »Ach!«, entfuhr es ihr ärgerlich, als sie sich entfernte, »tatsächlich zu nichts zu gebrauchen! Ein Kain!«

Ich wollte Ihnen zu Ehren eine Loge nehmen und in die »Puritaner« gehen, doch es kam ein Diner dazwischen, das ich nicht absagen konnte, und auch Turgenjews Geburtstag, so gingen die Maikows allein. Heute sind sie bei Tepljakow: ich bin nicht mitgegangen, weil ich bei Madame Rostowskaja eingeladen bin, einer alten Bekannten, ebenfalls eine Nichte von Jasykow. Wir haben Karten gespielt. Den Sommer über wohnt sie in Zarskoje, und da Jewgenija Petrowna mit den Jasykows über Sie gesprochen hat (das veranlasste dann auch Turgenjew, sich nach Ihnen zu erkundigen), erzählte mir Madame Rostowskaja, sie habe Sie mit den Olsufjews gesehen, ständig sei ein »Bruder, wie es aussah« an Ihrer Seite gewesen, ein Offizier, Sie hätten sehr hübsch ausgesehen usw.

Ihr Porträt ist endlich neu aufgenommen worden, anstelle des verlorengegangenen, und Nikolai Apollonowitsch, vom Wunsch beseelt, Ihr Bild zu malen, nimmt das andere Exemplar an sich, das erste aber wandert in den Schreibtisch meines »besten Freundes«. Demnächst werde ich den gewissen Herrn aufsuchen, nicht Lewizki, und versuchen, das Versprochene zu schicken: da werden Sie etwas zu lachen haben, Sie und Ihre »Cousine männlichen Geschlechts«. Junija Dmitrijewna hat um einen Abzug meines Porträts gebeten. Ich habe ihn ihr versprochen.

Das über Paul Féval habe ich nur so dahingesagt, nicht weil ich dachte, dass sie ihn mögen. Nebenbei bemerkt haben Sie folgende Schwäche: eine Art universeller »Freundschaft« zu allen. Mein bester Freund ist sehr dagegen, insbesondere gegen die Verteilung der »Gaben der Fortuna«. Er hat mich wieder gebeten, einen kleinen Auszug aus dem Roman für Sie aufzuschreiben. Wenn ich es schaffe, schicke ich ihn. Heute ist es schon einen Tag her, seit ich Ihren Brief erhalten habe, wenn ich aber auf ihn höre und seinen *Unfug* aufschreibe, werden zwei weitere Tage vergehen, bevor ich den Brief abschicken kann. Vormittags bin ich beschäftigt, sonst würden Sie den Brief viel schneller bekommen.

Gestern erhielt ich vom Redakteur des »Almanach der Seefahrt« die Nachricht, dass mein Buch schon gedruckt ist. In der zweiten Monatshälfte werde ich Ihnen folglich zwei Exemplare schicken können: eines für Sie, das andere für Ihre liebe Cousine, in Erinnerung an unsere flüchtige Bekanntschaft. Ich würde gern auch eines an die Adresse Ihrer Tante schicken, aber das wage ich nicht: *le mauvais hazard** hat mich um das Vergnügen gebracht, ihr vorgestellt zu werden, aus diesem Grund halte ich mich nicht für berechtigt, ihr durch Sie meinen Respekt zu bezeugen. Die Cousine können Sie ruhig von mir grüßen. Was hält man eigentlich davon, dass ich Ihnen schreibe? Sagen Sie, ich sei ein alter Mann. In Ihrem Brief an die Maikows lassen Sie mir einen Gruß ausrichten, bedeutet das, die Maikows sollen nicht wissen, dass Sie mir geschrieben haben? Gleichzeitig haben Sie mir im Brief an mich doch aber aufgetragen, Junija Dmitrijewna dies und jenes auszurichten. Ich werde nichts sagen und erst, wenn Ihre Antwort auf meinen dritten Brief eintrifft, erklären, dass ich eine erste Nachricht von Ihnen bekommen habe, zeigen aber werde ich die Briefe niemandem. Schicken Sie ihr in einem freien Augenblick über die Maikows besser selber eine kleine Nachricht oder direkt in die Gontscharnaja uliza, ins *Schreibersche* Haus und danken Sie ihr für die Hilfe bei der Beförderung der Saloppe.

So wie *mein bester Freund* unter Zweifeln leidet, so leide

* (franz.) Ein unglücklicher Umstand.

ich unter der schrecklichen Gewissheit, Sie im Leben nie wiederzusehen. Sie haben es in Ihrem Brief bestätigt, indem Sie mir »einen letzten Kuss« gaben! Ich bin auch selbst davon überzeugt, dennoch hat mich dieser Satz irgendwie getroffen. So leben Sie denn wohl, und »wenn für immer, so leben Sie für immer wohl«, um es mit den Worten Byrons zu sagen (and if for ever, still for ever, fare thee well), allerdings verabschiede ich mich von Ihnen mit großer Schwermut, nicht jetzt natürlich, aber wenn Sie *heiraten werden* oder *vor meinem Tod* oder *Ihrem* – das sind Gründe, Abschied zu nehmen. Jetzt aber leben Sie *vorerst* wohl bis zum nächsten Brief, mein wunderbarer Freund, meine liebe, kluge, gute, bezaubernde ... Lisa!!! Das ist mir plötzlich entschlüpft. Entsetzt habe ich mich umgeschaut, ob nicht jemand in der Nähe ist, respektvoll füge ich hinzu: leben Sie wohl, Jelisaweta Wassiljewna. Möge Gott Ihnen das Glück bescheren, das Sie verdient haben. Bewegt danke ich Ihnen für Ihre Freundschaft, die mich alten Mann wärmt.

Wieder komme ich nicht umhin, festzustellen, dass der Brief dumm ist! Und wie dumm. Ich begann mit der Frage nach Ihrer Gesundheit und ende mit dem Seelenheil – daran sind Sie schuld. Sie denken, dass ich scherze und deshalb fröhlich bin. Bisweilen habe ich gescherzt, wenn Entsetzen und Bestürzung in meinem Herzen herrschten: auf den Meeren, im Orkan, in Momenten der Todesangst bin ich blass geworden und habe gescherzt. Der Scherz ist mein Element.

A propos Meere: heute habe ich erfahren, dass der Admiral und meine anderen Reisegefährten der Weltreise bereits in Moskau sind.

Heute wurde ich mit Forderungen gequält, die versprochenen Artikel abzuliefern, als ob mir der Sinn nach Artikeln stünde! Morgen erwartet man mich bei einem Essen mit Literaten, übermorgen an anderer Stelle – als ob mir der Sinn danach stünde!

14. November 1855

Sie sind träge, Sie sind unaufmerksam, Sie leben allein unter der Eingebung des Augenblicks, ohne dabei die Vergangenheit oder die Zukunft zu bedenken, Sie sind eine Heuchlerin, Sie sind selbstverliebt, Ihre Gewogenheit entbehrt jeder ernsthaften Grundlage, damit meine ich Wärme und Herzlichkeit, Sie ... Sie ... Sie ... Ach, wie viele Seiten ich vollschreiben könnte, würde ich sämtliche Ihrer Fehler aufzählen, könnte ich sagen, doch ich sage – Vorzüge, denn sie ermöglichen es Ihnen, so ruhig und selbstsicher zu leben und so träge, sie rauben Ihnen weder den Schlaf noch den Appetit, Ihr Gesicht bewahrt die Frische, Ihre Augen den Glanz und die ewige Macht über die Herzen jener Menschen, die das Unglück hatten, Ihnen zu begegnen.

Wir dagegen, damit meine ich Ihre Freunde, verlieren Sie nicht aus dem Blick, folgen Ihnen gedanklich überallhin, fahren durch Moskau, leben auf dem Land, nichts kann Ihr Bild in unserem Gedächtnis trüben, nichts Ihre Stimme in unseren Ohren, wir sind glücklich über jedes liebe Wort und unglücklich, wenn Sie uns vergessen. Mit schmerzlicher Ungeduld erwarten wir ein paar Zeilen von Ihnen und halten die Feder in Bereitschaft, um Ihnen all dies mitzuteilen, um in aller Ausführlichkeit und mit Enthusiasmus aufzuschreiben, wie frisch und lebendig der Eindruck ist, den Sie hinterlassen haben, dass uns nichts Ihren kurzen Aufenthalt streitig machen kann und dass uns Ihre Abreise schmerzt und den Wunsch und die Hoffnung beflügelt, Sie wiederzusehen, dass Ihr Platz und die Erinnerung an Sie noch immer nicht durch gegenwärtige oder künftige Erscheinungen ersetzt werden können, was für ein sogenanntes Glück damit auch verbunden sein mag, und schließlich – dass wir kein anderes Glück anerkennen wollen und werden, das nicht mit Ihnen zu tun hat! So sind wir! Wir ... wir ... usw. Das alles aber werde ich erst dann ausführen, wenn ich einige neue Zeilen von Ihnen erhalten habe, aus denen erkennbar wird, dass andere Freunde, andere Freuden, andere Eindrücke und Gefühle, alles andere (das Sie jetzt umgibt) die Erinnerung an die Vergangenheit und damit auch den Wunsch, etwas über sie zu erfahren und zu hören, nicht haben auslöschen können.

Wollen Sie meine Devise, *que la plus sûre des choses – est le doute,* wirklich bestreiten? Urteilen Sie selbst: Sie haben meinen langen Brief vom 24. Oktober erhalten und versprochen, darauf zu antworten, wenn Sie auf dem Land sind. Anschließend wurde Ihnen mein anderer Brief aus Moskau nachgesandt, aus dem Hause der Frau Koloschina (wohin ich ihn adressiert hatte, da ich nicht wusste, dass Sie aufs Land abreisen), schließlich schickte ich als Antwort auf Ihren zweiten, den nettesten der Briefe aus Moskau, drei Tage später trotz meines außerordentlichen Zeitmangels bereits an Ihre Adresse auf dem Land einen vierten Brief (dem das Ende des Kapitels »Pour et contre« beigelegt war), seitdem sind tausende Jahrhunderte vergangen, nein, weniger, 15 Tage. Aber 15 Tage ... sind das etwa keine tausende Jahre, ist das nicht ganz einerlei? Und es ist Ihnen gar nicht in den Sinn gekommen, vom Herzen ganz zu schweigen, am nächsten oder übernächsten Tag oder meinetwegen fünf Tage später die Feder zur Hand zu nehmen und zu sagen: ich bin gesund und munter und denke an Sie ... Oder hindert Sie Ihre Wahrheitsliebe? Sie lügen nicht gern, ich weiß, dann schreiben Sie eben: »Ich habe Sie vergessen, habe keine Zeit, habe anderes zu tun, als mich mit Ihnen zu beschäftigen, auch hier gibt es Freunde, sie sind sogar besser, netter, liebenswürdiger, munterer, *angenehmer* und lebhafter, und außerdem sind sie zur Stelle.« Und das ist ja die Hauptsache für Sie. Wenn das alles nicht stimmt, so sagen Sie eben: »Ich bin krank (Gott möge es verhüten!), verliebt ... (hm! hm!) ... werde bald heiraten (o Graus!), und deshalb steht mir der Sinn nicht nach den Freunden ...« Weshalb es mich graust? Weil

Sie uns dann für immer entzogen werden, weil jegliche Freundschaft, selbst die erhabenste, selbst die dünnste *Hostie,* von den allesverschlingenden Rechten eines Ehemannes verschluckt wird, weil ..., weil, ach, warum auch immer! Doch Sie schweigen hartnäckig, ja tödlich, hier aber herrscht das reinste Tohuwabohu, die Freunde sind in heller Aufregung: Jewgenija Petrowna kommt jeden Tag zu mir aufs Amt und fragt beunruhigt: »Ist kein Brief gekommen?« Und Jekaterina Pawlowna, ob sie nun zu einem Mittagessen geht, zu einer Abendgesellschaft oder ins Theater, denkt auf Schritt und Tritt nur das eine: »Wird morgen eine Nachricht von ihr kommen?« Junija Dmitrijewna ist nahe daran, den Verstand zu verlieren, sie geht finster umher, redet kaum noch, und wenn, dann sagt sie leise, dass ihr Leben von nun an besiegelt sei, nie wieder werde sie glücklich sein, ihr Glück habe nur darin bestanden, Sie zu sehen, Ihnen zuzuhören, mit Ihnen bekannt zu sein und Sie zu lieben ... So geht es allen, nur ich allein bin ruhig, ich tröste sie, sage, dass sicher nicht einer, sondern zwei, drei, vielleicht auch mehr blaue Briefbögen auf Ihrem Tisch verstreut liegen und Sie jeden Tag eine Seite ergänzen, um dann alles auf einmal abzuschicken. »Ist das etwa auszuhalten, dass Tag für Tag vergeht und wir vergeblich warten? Ist es etwa auszuhalten, dass sie zwei Monate auf dem Land bleibt und nicht einmal ein, zwei Briefe schreiben kann? Unsere Tage ziehen matt und farblos dahin, ist das etwa auszuhalten, dass wir uns nur kraftlos unseren Angelegenheiten widmen können? Sie weiß doch, dass uns jede ihrer Zeilen Leben beschert und Arbeits- und Lebensfreude.« Usw. usf. So reden *sie* in einem fort. »Vermutlich hat sie keine Briefe von Ihnen bekommen«, sage ich, um sie zu trösten, »oder die Diener sind zu faul, die Briefe zur Post zu bringen, und haben sie weggeworfen.« Schließlich sage ich noch, dass sich nicht so oft günstige Gelegenheiten ergeben, die Briefe der Post mitzugeben usw. Nichts hilft. *Sie* sind nachdenklich und finster. Nein, sie ist dies, sie ist das, wiederholen *sie* und finden an Ihnen vieles zu bemängeln, worüber ich Sie als akkurater Briefpartner sogleich informieren werde, wenn ich eine Antwort auf meine vorausgegangenen Briefe und Darlegungen bekommen habe. Tatsächlich habe ich überall ihr Loblied gesungen, jetzt wappne ich mich mit Stärke und werde, sollten Sie es wünschen, ein strenges, ernstes Lied erschallen lassen, voller Wahrheiten, von keinerlei Gefühl beeinflusst, weder verzuckert noch mit dem Sirup des Enthusiasmus übergossen, so entschlossen, bewusst und unwandelbar, wie meine Freundschaft für Sie entschlossen, bewusst und unwandelbar ist ...

Was ist das nur für ein Bedürfnis, mit Ihnen sprechen zu wollen, von dem ich besessen bin? Wie soll ich es im Zaum halten? Sie greifen zu resoluten Maßnahmen, indem Sie hartnäckig schweigen, doch es hilft nichts: ich rede und rede mit einer solchen Freude, die schon an Leidenschaft grenzt. Nie und nirgends habe ich je so geredet. Manchmal plaudere ich, ja streite gar, mein Verstand ist kämpferisch, doch nur mein Verstand. Das Herz hält sich aus solchen Gesprächen heraus, ich streite ohne innere Beteiligung und gebe gern nach. Wollte man mir das Recht nehmen, mit Ihnen zu reden, wie vieles würde mir fehlen; der lebendigste Faden würde abreißen, der lebendigste Nerv gelähmt sein, der mich mit den Menschen und der Gesellschaft verbindet. Verwundert es da, dass ich mich bei der Vorstellung, Sie könnten heiraten, des Schreckens nicht erwehren kann und in Ihrem künftigen Mann einen Feind erblicke? Er wird ja weder Ihnen noch mir zu schreiben gestatten, dieser Unmensch!

Gestern habe ich von Ihnen geträumt: ich erwartete Sie bei den Maikows. Lange kamen Sie nicht (fast so lange, wie das eine Mal, als wir zum Mittagessen bei den Maikows waren. Wo sind Sie damals eigentlich gewesen? ... Ich weiß es nicht, habe allerdings eine Vermutung), meine Ungeduld nahm beinahe krankhafte Züge an, schließlich kamen Sie, aber wo war Ihre Schönheit geblieben? Sie waren entstellt – ich jedoch war dennoch unglaublich glücklich, Sie zu sehen, so wie es ja auch in der Realität der Fall war. Aber ich selbst trug – stellen Sie sich das bloß vor – nicht das geringste ... Kleidungsstück und bedeckte mich mit irgendeinem Laken ... Man sagt, das bedeute Unglück. Meinetwegen, doch möge es Sie verschonen.

Heute ist Sonntag: egoistisch, wie ich nun einmal bin, nutze ich den freien Vormittag, um Sie, vielleicht malgré Vous*, nach Petersburg zu versetzen und Ihnen einige der Ihnen bekannten Personen in Erinnerung zu rufen. Beginnen will ich mit Nikolai Apollonowitsch. Er wollte Ihnen Ihr Porträt schicken, doch ich habe ihn davon abgehalten und gesagt, er solle zunächst Ihre Nachricht abwarten, ich hätte noch keine Zeile von Ihnen bekommen (worüber sich Jewgenija Petrowna wunderte), erwarte aber eine Antwort von Ihnen auf diesen, meinen, wie ich ihnen sagte, vermeintlich ersten Brief, den ich mit ihrem Wissen und teilweise in ihrem Auftrag schrieb (und der Sie in Moskau nicht angetroffen hat), er solle Ihnen Ihr Porträt erst dann schicken, »und meines ebenfalls«, fügte ich hinzu, »wenn sie mir gegenüber den Wunsch äußert, es haben zu wollen.« Sie schweigen schon so lange, dass man annehmen könnte, Sie hätten Ihre Einstellung und Ihre Absichten geändert, deshalb habe ich mein Porträt auch noch nicht in Auftrag gegeben: vielleicht wollen Sie es schon längst nicht mehr, und dann schicke ich es Ihnen plötzlich. Das wäre irgendwie unangenehm und unpassend.

Gemeinsam mit sämtlichen Maikows war ich endlich beim Architekten Stakenschneider. Etwa 60 Personen hatten sich dort versammelt, alle möglichen Maler, Literaten und viele Frauen, die nicht gerade mit Schönheit gesegnet waren. Jewgenija Petrowna geriet wegen ihrer Kurzsichtig-

* (franz.) Gegen Ihren Willen.

keit in eine heikle Situation. Beim Aufbruch wollte ihr der Diener im Vorzimmer die warmen Stiefel anziehen, neben ihr war der Portier, ein ehemaliger Soldat, gerade damit beschäftigt, einer anderen Dame in die Stiefel zu helfen, weshalb er sich bückte. Jewgenija Petrowna hielt seinen Rücken für eine mit grauem Stoff bezogene Bank und setzte sich darauf. Der Soldat nahm natürlich an, dies sei so üblich und es gehöre unter anderem auch zu seinen Aufgaben, sich nicht zu regen. Wer weiß, wie lange sie noch so dagesessen hätte, wäre Nikolai Apollonowitsch nicht gekommen und hätte den Irrtum aufgeklärt.

Letzten Sonntag ging es bei den Maikows nicht nur lebhaft zu, es war viel zu voll, die Tepljakows waren da, die Borosdins. Auch Turgenjew kam, und wir, das heißt Apollon, Dudyschkin, ich, Pissemski, Potechin und Turgenjew, bildeten einen eigenen Kreis. Lchowski hatte sich den Damen zugesellt, eine Rolle, die ihm bei den Abendgesellschaften von Jewgenija Petrowna zukommt, das heißt, er gibt wie immer den *jeune premier**. Jewgenija Petrowna jagte uns an diesem Abend zwei Mal auseinander, als wir uns mit ihm in eine Ecke zurückgezogen hatten. Heute sind sie alle beim Akademiepräsidenten, wenn ich nicht irre, beim Grafen Tolstoi. Ich habe in dieser Woche kein einziges Mal zu Hause zu Mittag gegessen und keinen Abend zu Hause verbracht: doch ich bewege mich überall wie ein Automat (diesen Vergleich habe ich aus Ihrem letzten Brief

* (franz.) Ersten Liebhaber.

gestohlen). Ich bin betrübt und fühle mich matt, obwohl es keinen besonderen Grund gibt, betrübt zu sein, mit Ausnahme des einen. Im Gegenteil, es gab auch einige angenehme Ereignisse. Ich habe für Apollon eine Lesung seines neuen Gedichts beim Fürsten Obolenski und beim Grafen Tolstoi arrangiert (ich meine nicht den Präsidenten): allen gefiel es sehr gut, besonders der jungen Fürstin und der Gräfin. Die Gräfin sagte bei Tisch, sie habe auf dem Lande gelebt. »Wo denn?«, fragte ich. »In Swenigorod«, sagte sie. Sie ist eine geborene Bibikowa und kennt Ihre Tante. Ich konnte die Bemerkung nicht unterdrücken, dass jene Gefilde jetzt durch Ihre Anwesenheit belebt seien.

Vor kurzem sagte einer meiner Kollegen, der aus dem Urlaub zurückgekommen war, im Amt plötzlich zu mir, »Mademoiselle Tolstaja« lasse mich grüßen. Wie diese Worte auf mich wirkten, kann man sich vorstellen. Es stellte sich heraus, dass es Ihre liebe Cousine war, die mir diese Grüße übermitteln ließ (wenn er nicht lügt), mit der er zusammen in der Eisenbahn gefahren ist. Er kennt übrigens auch Sie, hat Sie in Moskau gesehen. Er heißt Lewtschenko. Er könnte Ihnen sogar auf dem Land seine Aufwartung machen, denn er ist wohl mit Ihrer Tante bekannt. Der Glückliche, dachte ich, wieso bin ich nicht an seiner Stelle? Dann würde ich eine Woche Urlaub nehmen, zu Ihnen fahren und dann wieder heimkehren ... Aber warum eigentlich, überlegte ich plötzlich, wer braucht dich denn, usw. Solche Fragen lassen jede Aufwallung beträchtlich abkühlen.

Wie ich es versprochen habe, erkundigte ich mich bei Apollon nach der Abschrift seines Gedichts für Sie, er bittet Sie aber noch zu warten, denn er ist dabei, alles zu überarbeiten, zu kürzen und zu ergänzen; es wird wohl noch eine Weile dauern.

Darf ich zwei Worte über mich sagen? Liebenswürdig, wie Sie sind, haben Sie mich ja auch darum gebeten. Nun denn. Es macht mich übrigens froh, Ihnen davon zu berichten. Diese Begebenheit freut hier viele. Ich hatte das Glück, aus Nikolajew eine Nachricht vom *Großfürsten Konstantin Nikolajewitsch* zu erhalten, in der *Seine Hoheit* mir in liebenswürdigen Worten für die »*wundervollen Artikel über Japan*« dankt. Er habe sie »*mit großem Vergnügen gelesen*« und bittet mich, »*den ›Almanach der Seefahrt‹ mit neuen Werken zu schmücken*« etc. Unterschrieben hat er mit: *Konstantin*. Dies hat nicht nur mich angenehm berührt, sondern auch den ganzen Literatenkreis und alle, die davon erfuhren. Das ist wertvoller als jeder Ring, denn es ist eine außergewöhnliche, nicht alltägliche, zartfühlende und einfühlsame Anerkennung. Ich werde diese Nachricht gemeinsam mit Ihren Briefen aufbewahren: ein Beweis, wie teuer sie mir ist.

Admiral Putjatin (im letzten Brief habe ich Ihnen von seiner Ankunft berichtet) hat meine Vorgesetzten gebeten, *mich* für zwei Monate freizustellen, damit ich den

Bericht über die gesamte Expedition für den Herrscher schreiben kann. Das wird ein großes Stück Arbeit, ich werde ein ganzes Buch schreiben müssen, aber es ist immer noch besser, zu Hause zu sitzen, als sich jeden Tag zum Dienst zu schleppen. Sollte es zustande kommen, werde ich nur noch ins Amt gehen, um nachzusehen, ob Briefe von Ihnen eingetroffen sind, ich könnte allerdings auch den dortigen Boten Anweisung geben, sie mir nach Hause zu bringen. Ich hege die geringe Hoffnung, dass ich dann ein wenig mehr freie Zeit für meine literarischen Arbeiten haben werde, vielleicht bekomme ich auch meine alte Stelle zurück. Unterdessen erwartet man überall Artikel von mir, allen habe ich zugesagt: dies ist das beste Mittel, sie zu beruhigen und dann zu arbeiten, sofern Kräfte und Zeit es zulassen.

Wladimir, die Alte, Junija Dmitrijewna – alle denken an Sie. Sagen Sie, Sie sind mir doch nicht böse, dass ich so viel Belangloses schreibe? Oder ist man vielleicht böse auf Sie, weil Sie mir schreiben? Sagen Sie es offen, dann lasse ich es vielleicht sein, obwohl ... ganz werde ich es nicht schaffen – nur *notgedrungen*. Wollen Sie nicht wenigstens diesen Brief beantworten? Sagen Sie mir auch den Grund für Ihr Schweigen? Sind Sie so sehr beschäftigt, dass Sie keine Zeit haben, oder denken Sie gar ans Heiraten? Ich hoffe, dass Sie mich dies als Ersten wissen lassen. Ach, wieso behellige ich Sie eigentlich: gebieten Sie mir zu schweigen. »*Ich gebiete es Ihnen*«, sagen Sie. Gut, ich werde folgen und mich daran halten. Noch eines: sollte Ihnen aus meinen Briefen Schwermut entgegenwehen, sollte gar von der Absicht die Rede sein, Sie und Ihre Freundschaft zu vergessen, so glauben Sie es nicht, glauben Sie vielmehr, dass das Alpha und Omega meiner Schwermut – wie meiner Freude – nein, ich will nicht sagen, wer und was ist. Leben Sie wohl.

Jewgenija Petrownas und Madame Jasykowas Wunsch, mich mit dem Tulaer Fräulein zu vermählen, war von keinerlei Erfolg gekrönt, beide haben den Plan aufgegeben und eingesehen, *que je ne suis pas mariable**.

Auf den in Ihrem letzten Brief geäußerten Vorwurf, warum ich nicht »direkt« schreibe, sondern Zuflucht zu »er« und »sie« nehme, kann ich nur sagen, dass Sie mir doch verboten hatten, über *vieles* zu sprechen. »*Cela m' embarasse***«, haben Sie immer wieder gesagt. Demnach bleibt *nicht vieles* übrig, da kann man nicht sonderlich gesprächig sein. Als Sie abreisten, untersagten Sie mir, darüber zu schreiben, *ce qui fait Votre embarras**** – folglich haben Sie mir selbst Zwang auferlegt.

Außerdem enthalten diese Briefe viel dummes Zeug, das können Sie nicht bestreiten. Besonders der eine, der dritte, der Sie in Moskau nicht erreichte, war dumm. Hätten Sie ihn zerrissen und mir einige der Schnipsel geschickt, zum

---

* (franz.) Dass ich nicht zu verheiraten bin.
** (franz.) Das bringt mich in Verlegenheit.
*** (franz.) Was Sie in Verlegenheit bringt.

Beweis, dass Sie meinen Wunsch erfüllt haben (*le doute partout**), Sie hätten mich sehr beruhigt!

Leben Sie wohl. Ach, ob ich Sie noch einmal sehen werde? Leben Sie wohl oder auf Wiedersehen. Sollte aber alles beim Alten sein und sollten Sie nur aus purer Faulheit und entsetzlicher Gleichgültigkeit den *alten Freunden* gegenüber nicht schreiben, möge Gott Ihnen verzeihen: wenn Sie auf den ersten Teil meines Romankapitels schon eine Antwort fertig hatten, diese aber, als der zweite Teil kam, vielleicht beiseitegelegt haben, so tun Sie das bitte nicht, *en grâce***, sondern schicken Sie mir alles, wenn es ernst gemeint ist. Sollten Sie aber keine Zeit zum Schreiben haben, sollte man es Ihnen nicht gestatten oder sollten Sie kein Bedürfnis dazu verspüren, so lassen Sie es sein.

Schande über Sie, wenn diese Briefe jemals ein anderer oder eine andere lesen wird als Sie, dann sage ich mich für immer von unserer Freundschaft los.

1. Dezember 1855
Gnädiges Fräulein, Jelisaweta Wassiljewna!

Beharrliches Schweigen ist natürlich ein wirksames Mittel, den *unnützen* Briefwechsel mit *unnützen* Freunden abzubrechen, doch Sie haben vermutlich angenommen, dieses Schweigen würde nach der Bekundung Ihrer freundschaftlichen Zuneigung und zwei, drei netten Briefen an

---

* (franz.) Ständig dieser Zweifel.

** (franz.) Seien Sie so gut.

Ihre alten Bekannten eine von Anteilnahme eingegebene Flut von Fragen bewirken: ist sie gesund? vielleicht irgendwohin verreist? zu faul? verärgert? usw. Die Maikows fragen mich, ich frage die Maikows oder Junija Dmitrijewna. Zum Beweis lege ich eine Nachricht von Jewgenija Petrowna an mich bei, mit der sie mir meine Briefe aus dem Ausland schickte (ich will einiges für meinen Reisebericht daraus entnehmen) und nach Ihnen fragte. Was sollte ich ihr sagen? Ich erkläre immer, dass ich noch keinen einzigen Brief von Ihnen erhalten habe und auf eine Antwort auf mein Schreiben nach Moskau warte, das Sie wohl nicht bekommen hätten. Ich habe tatsächlich gewartet, dass Sie mir schreiben und zwei, drei Zeilen für sie oder einen Gruß hinzufügen. Das alles wäre nicht weiter schlimm: man würde allerlei Reden führen und Ihnen dann mit gleicher Münze heimzahlen, das heißt mit Schweigen (allerdings nicht mit Vergessen). Wenn sogar Ihre Mutter, wie Sie sagten, Ihnen wegen Ihres Schweigens zürnt und wenn der nach der »Quarantäne« eingetroffene Brief denselben Vorwurf enthält, so haben doch wir einfachen Sterblichen und Bekannten schon lange keine Ursache, Ihnen zu zürnen, man kann es nur bedauern, was wir auch zur Genüge tun. Doch bei den Maikows liegen noch Sachen von Ihnen, ein Armband, die Porträts und allerlei anderes: man weiß nicht, ob man es Ihnen schicken oder eine Nachricht von Ihnen abwarten soll, aber welche Nachricht? Zum Schreiben sind Sie offenbar nicht aufgelegt, nicht einmal zu einer Antwort auf Jewgenija Petrownas Brief, den sie Ihnen vor drei Wochen sandte. Ich habe dennoch geraten, abzuwarten, da ich annehme, dass Ihr Schweigen eine wichtige Ursache hat und dass Sie, wenn sich diese Ursache erledigt hat, eine Krankheit zum Beispiel, sicher schreiben werden. Alle unwichtigen Gründe bin ich durchgegangen und weiß nicht, auf welchen ich mich konzentrieren soll: wären Sie *verreist*, so hätten Sie uns das sicherlich wissen lassen, damit wir Ihnen nicht mehr an die alte Adresse schreiben. Dies gebietet schon die allergewöhnlichste, übliche Gepflogenheit. Wenn Sie uns *vergessen* haben sollten, also Ihren Freunden gegenüber erkaltet sind, so hätte Sie dies doch wohl nicht daran gehindert, ein paar *kühle* Zeilen zu schreiben, schon aus Anstand und um das Vergessen zu bemänteln. Selbst eine Krankheit hätte erlaubt, zwei Worte zu schreiben, um Ihre Freunde nicht zu beunruhigen und über Ihr Schweigen rätseln zu lassen. *Faulheit:* daran glaube ich nicht, man kann einen Tag faul sein, einen zweiten oder zehn Tage, fünf Wochen lang aber all die warmherzigen, freundschaftlichen Appelle nicht zu beantworten, das ist eine Faulheit, die bereits das Ausmaß der Barbarei und des Frevels angenommen hat. Sie wollten Ihre Freunde wohl nicht ernstlich beunruhigen, weil ihre Briefe womöglich nicht angekommen sind. Vielleicht sind Sie auch *böse* oder *gekränkt:* auch in diesem Falle wäre es doch besser, mit Würde zu antworten, statt mit Würde zu schweigen, was von einem nicht unbedingten guten Herzen zeugt. Aber wem gilt die

Kränkung und warum nur? Doch nicht *meinem leidenden Freund*, der Ihnen redselig und ohne Scheu sein Herz ausschüttete, Ihnen all seine Zweifel und Widersprüche anvertraute, in denen er sich unablässig verstrickte (ein Zeichen der Leidenschaft: wie oft ich ihn deshalb verspottet habe)? Oder ist es vielleicht wegen des *Freundes aus Kindertagen*? Jewgenija Petrowna sagte einfach: »Schreiben Sie ihr, welchen Lärm er geschlagen und was er bei Lewizki zusammengeredet hat.« – »Weshalb?«, fragte er. »Damit sie weiß, was für ein Mensch er ist.« Das waren ihre Worte. Mein Freund aber fügte der Schilderung seine eigenen Betrachtungen hinzu, die niemandem sonst in den Sinn gekommen wären.

Wäre Ihnen der Briefwechsel schließlich aus irgendeinem Grund unangenehm, so hätten Sie es mich doch sicher wissen lassen, damit ich Ihnen nicht mehr schreibe. Ich denke, mein *Freund* hat Sie mit dem von seiner wirren Phantasie erschaffenen Phantom verschreckt, das ihm auch selbst Angst eingeflößt hat. Und Sie haben es für bare Münze genommen und ihn eines großen Vergnügens beraubt. Dabei hat er ja nur Ihre Meinung erfahren wollen, Sie aber schweigen. Wollen Sie dieses Schweigegelübde nicht brechen: *grâce*, also Grazie, steht Ihnen besser zu Gesicht als der Stolz, dieses hässliche Laster. Was auch immer der Grund gewesen sein mag, es ändert nichts an der Tatsache, dass Sie schweigen. Ihr Brief an die Maikows hat bei allen einen überaus angenehmen Eindruck hinterlassen:

nun erwartet man weitere Nachrichten. Haben Sie vielleicht Bedenken, dass Sie, wenn Sie den Maikows schreiben, auch ihm werden schreiben müssen, also meinem Freund, dem Sie nicht schreiben wollen? Schreiben Sie ihnen ruhig: er wird sich ein wenig grämen und dann in seine übliche Apathie verfallen. Oder schreiben Sie *mir*, als Ihrem alten Freund, umso mehr, als ich Ihnen heute an die Adresse auf dem Land die beiden versprochenen Bücher geschickt habe – für Sie und Ihre Cousine (eines an Ihre Tante zu schicken, habe ich nicht gewagt, da ich ihr nicht vorgestellt wurde). Ich hoffe, dass Sie mich aus dem Ihnen eigenen Taktgefühl benachrichtigen werden, dass die Bücher angekommen sind, ebenso wie die Briefe, vom 4. (wenn ich nicht irre) und vom 14. November. Sollte es Ihnen schwerfallen oder sollten Sie zu faul sein, viel zu schreiben, oder sollten Sie böse sein oder dergleichen, so lassen Sie mich nur kurz und knapp wissen, ob alles angekommen ist, und dann Gott befohlen. Dies aber muss sein. Die Bücher habe ich geschickt, weil ich es versprochen hatte, denn ich bin es gewöhnt, meine Versprechen zu halten. Die anderen werde ich nicht halten, da Sie mir durch Ihr Schweigen zu verstehen geben, dass Sie dies nicht wünschen. Auch ich muss nicht immer *mettre les points sur les ii*[*].

Bei Ihren hiesigen Bekannten gibt es, wie mir scheint, keine Veränderungen. Sollten Sie die Klassendame im Katharinen-Institut gekannt haben, eine gewisse Semjonowa,

[*] (franz.) Den i-Punkt setzen.

so hat sich nur bei ihr eine Veränderung ergeben, zudem eine ziemlich wichtige: sie ist gestorben. Auch bei mir zeichnen sich gewisse Veränderungen ab: ich gehe nicht mehr zum Dienst, bin für zwei Monate freigestellt, um zu schreiben ... vorerst diesen Brief, den Bericht über die Expedition, für den ich freigestellt bin, habe ich allerdings noch nicht begonnen, während sich der Brief, wie Sie sehen, seinem Ende nähert. Zwei Wochen meiner Freiheit sind mittlerweile schon verstrichen. Ich werde wohl kaum auf die alte Stelle zurückkehren. Kürzlich machte mir ein Minister bei einer Abendgesellschaft, die er bei sich gab, das Angebot, in seiner Behörde zu arbeiten, das Gehalt ist hoch, es ist sogar mehr, als ich brauche, zu tun aber gibt es noch mehr, als es Gehalt gibt. Ich habe trotzdem zugesagt, im Januar ist es so weit. Das Entsetzen packt mich, wenn ich daran denke, dass ich mir dann eine andere, größere Wohnung suchen, Möbel kaufen und umziehen muss, denn diese Stellung erfordert eine etwas andere Lebensführung und mehr Repräsentation. Jewgenija Petrowna und Junija Dmitrijewna wollen sich, gütig wie sie sind, um alles kümmern. Um meine dürftige Wohnung tut es mir aus verschiedenen Gründen leid. Auch um meine Trägheit tut es mir leid: lieber wäre ich auf den alten Posten zurückgekehrt und hätte den Roman beendet, ich habe sogar gehofft, dass Sie vielleicht für eine Woche herkämen, wie Sie es versprochen hatten, um ihn sich anzuhören. Vorgestern Abend habe ich einige Kapitel aus diesem Roman beim selben Minister gelesen und gesehen, dass ich nur noch ein wenig überarbeiten und vielleicht zwei Kapitel hinzufügen muss, dann ist der erste Teil fertig. Das neue Amt wird dies aber kaum zulassen, obwohl ich nicht zum Dienst werde gehen müssen, gehen werde ich überhaupt nicht müssen, ich kann meine Arbeit im Liegen erledigen. Raten Sie, was für eine Arbeit das ist, wenn Sie Lust haben, wenn Sie nicht verreist, nicht krank oder nicht böse sind, wenn … wenn usw.

Wie ich nach all Ihrem Schweigen unterschreiben soll, weiß ich nicht.

Ihr ergebenster Diener,

oder *Votre tout devoué ami, tombé en disgrâce et oublié**, meine Adresse ist vorerst dieselbe.

Der Großfürst hat mein Buch der ganzen Kaiserlichen Familie vorgestellt. Die Bücher, die Sie bekommen haben, hatte ich auch ihm gesandt. Heute habe ich beim Buchbinder weitere bestellt, für die beiden Kaiserinnen, die heute Vormittag danach schickten.

Nikolai Apollonowitsch fertigt gerade 40 Porträts des Kaisers für verschiedene Behörden an, und Apollon überarbeitet noch immer sein Gedicht und rückt es vorläufig nicht heraus. Am Katharinen-Tag speisten wir bei der Alten – anlässlich ihres Namenstags. Um meine Gesundheit steht es schlecht: der Husten, den Sie damals bemerkt haben, hat sich durch eine Erkältung verstärkt, und ich magere ab. Es werden schon böse Bemerkungen laut.

* (franz.) Ihr sehr ergebener, in Ungnade gefallener und vergessener Freund.

Schreiben Sie bitte so bald wie möglich, und quälen Sie Ihre Freunde nicht, besonders nicht, wenn sie krank sind.

23. Dezember 1855

Endlich haben Sie beschlossen, Ihr Schweigen zu brechen, göttliche Jelisaweta Wassiljewna, und einen der Sterblichen durch einen freundlichen Brief zu erfreuen. Ich danke Ihnen dafür wie auch für den Freundschaftsbeweis und den für mich schmeichelhaften Wunsch, mein Porträt besitzen zu wollen. Ich würde ihn sofort erfüllen, würde über Petersburg nicht die vierte Woche ein *abat-jour** aus dunklen Wolken hängen, der uns völlig die Sonne verdeckt: Lewizki sagt, er mache schon seit einiger Zeit keine Papierfotos mehr, sondern arbeite jetzt auf Glas, doch das gefällt mir nicht, sie sind durchscheinend. Er meint, man müsse anderes Wetter und folglich eine andere Gelegenheit abwarten. Ich würde Ihren lieben Brief gern Punkt für Punkt beantworten, doch er liegt bei mir zu Hause, ich aber bin gerade zu Besuch beim Alten, wo ich die Alte über einem Brief an Sie antraf. Ich habe mir eine halbe Seite ausgebeten, sie versprach es mir, doch dann schrieb sie die ganze Seite voll und gab mir dieses Viertelblatt. Ich war überglücklich, als ich Ihren Brief an die Maikows sah und mich folglich überzeugen konnte, dass Sie gesund sind, wie froh ich war, als ich selbst einen Brief von Ihnen bekam, können Sie sich vorstellen.

* (franz.) Schirm.

Sie fragen nach meiner Gesundheit, nach der neuen Stelle und noch nach allerlei: der Husten hat mit meiner Konstitution zu tun und wird wohl nie vergehen, doch es gibt Schlimmeres als den Husten – nämlich den Blutandrang im Kopf, insbesondere nachts, wenn sich der Schlaganfall anschleicht. Das ist alles, was mich noch erwartet im Leben.

Bei der Stelle handelt es sich um die eines Oberzensors, das heißt der russischen Zensur, mit dreitausend Rubeln Gehalt und 10 000 Schereien. Ich soll sie im Januar antreten, sollten aber keine neuen Stellen geschaffen werden, so wird es vielleicht gar nicht dazu kommen. In diesem Fall plane ich, mich für zwei Jahre an die Wolga zurückzuziehen, zu meinen Schwestern, und zu versuchen, ob ich vielleicht meine alten literarischen Aufgaben zu Ende führen kann, vielleicht hat die Kälte des Lebens und das sinnlose Umherirren durch die Welt doch nicht all meine Kräfte verbraucht, sollte es gelingen, so kann ich beruhigt sterben, denn ich habe meine Aufgabe erfüllt, wenn nicht, werde ich mich weiter mit langweiligen, kümmerlichen Arbeiten herumquälen müssen.

Auf Wiedersehen, Sie stolze, schöne Göttin, Gott möge Ihnen Glück schenken, in diesem wie im neuen Jahr und im ganzen Leben. Ich wage es, um eines zu bitten, vergessen Sie den beklagenswerten, traurigen, kranken, erkalteten Sterblichen I. Gontscharow nicht, der Sie noch immer ein wenig vergöttert.

28. Dezember 1855

Vermutlich haben Sie inzwischen den Brief von der Alten erhalten: ich kam just in dem Augenblick zu ihr, als sie ihn begonnen hatte, und schrieb auch etwas dazu. Sie zeigte mir nicht, was sie schrieb und sagte nur, dass es auch um mich ginge. Ich habe ziemlich lange nichts Vernünftiges mehr getan, weshalb sie Ihnen über mich kaum etwas Interessantes mitteilen kann.

Ungeachtet meines Zusatzes fühle ich mich berechtigt, ausführlich auf Ihren Brief einzugehen. Was für ein Unterschied zwischen diesem und dem zweiten, dem vorangegangenen Brief! Dazwischen liegt natürlich eine ganze Ewigkeit, das heißt zwei Monate, was manchmal ein und dasselbe ist. Jener Brief ist freundschaftlich, herzlich, er trägt Spuren unserer kürzlichen Begegnung, ja beinahe von Tränen, zumindest ist davon die Rede, dieser dagegen ist getränkt mit Gift oder schmeichlerisch-verletzendem, süßem Spott, einer *pillule dorée**, oder kalter Ironie, es ist ein *lettre mordante***, der vorgibt, freundschaftlich zu sein. »Sie werfen mir vor«, heißt es dort, »dass Sie Ihr Wort halten – umso besser für Sie« (das bedeutet also, Sie selbst denken weder an Ihr Versprechen noch scheren Sie sich darum). Weiter. »Eine Krankheit und unerträgliche Besucher haben mich am Schreiben gehindert, auch wusste ich nicht, worüber ich hätte schreiben sollen: das Leben auf dem

---

* (franz.) Versüßte Pille.
** (franz.) Bissiger Brief.

Land ist monoton, ich habe Sie wohl schonen wollen und *mir somit das Vergnügen versagt*, mit Ihnen zu plaudern« (für die Übersetzung verbürge ich mich). Außerdem: »Sie sind so nachsichtig, weshalb ich mich verpflichtet fühle, Ihnen mit dem *allergrößten Vergnügen* zu gehorchen!« – »Ihre Warnungen und Ratschläge sind unnötig.« – »Man kann *stolz sein* auf die Freundschaft eines solchen Mannes ...« und dennoch nicht schreiben, haben Sie hinzuzufügen vergessen. Durchaus möglich. Man kann auch nicht stolz sein und nicht schreiben.

Darauf könnte ich sagen: habe ich Sie etwa gebeten, mir jene Orte zu schildern, die Sie besuchen? In Ihrem Verstand und Ihrem Herzen geht es doch nicht monoton zu. Es war ja ihr betörender Zauber, natürlich in harmonischer Verbindung mit der äußeren Schönheit, der meinen besten Freund hingerissen und fast ins Verderben gestürzt hat. Außerdem würde ich sagen: allein von Ihnen hing es doch ab, sich das höchste Vergnügen nicht zu versagen, auf den Freund zu hören. Zehn Zeilen hätten genügt, um fünfzig zu erhalten, Sie aber ... Folglich, muss dieser Syllogismus wirklich ausgesprochen werden? Wie Sie sehen, ist nicht immer die *Gabe des Wortes* erforderlich für eine so simple, klare Logik, die stets auf der Hand liegt. Ich könnte noch allerlei sagen, wollte ich nur logisch argumentieren, doch ich ziehe es vor, liebenswürdig zu sein, und sage besser, dass Sie ganz und gar ohne Fehl und im Recht und ihrem Charakter in allem treu sind, einschließlich, was Ihr Schweigen angeht, ebenso im Recht, wie ich in allem im Unrecht bin – auch mit meinem Geschwätz, ebenfalls einschließlich. Das lässt sich unschwer logisch beweisen, ganz ohne die »Gabe des Wortes«: was hat mich denn berechtigt, das gesamte Seelenwirrwarr meines besten Freundes vor Ihnen auszubreiten, Ihnen all die Aufregungen, Fragen und Zweifel anzuvertrauen, Sie mit Phantomen und Vermutungen zu ängstigen, mich festzuhalten an irgendwelchen Seiten Ihrer Neigungen, Gewohnheiten, Ihres Charakters und sie zu analysieren, wo Sie diese Aufregungen und dieses Chaos doch weder geteilt haben noch darauf eingegangen sind? Weshalb, warum? Es war Ihnen natürlich lästig, Sie waren dessen überdrüssig, also schwiegen sie und verbargen sich hinter Ihrer unerschütterlichen Ruhe. Nur ein Umstand kann mich vielleicht rechtfertigen, nämlich, dass alles in der Absicht geschah, das Gespräch mit Ihnen nicht abreißen zu lassen, Sie nie und nirgends aus dem Blick zu verlieren, es nicht zuzulassen, dass Vergessen, Zeit oder Entfernung unser freundschaftliches Band gefährden, Sie zu ständiger Diskussion herauszufordern, und – indem ich mich am Porträt und in Gedanken an Ihrer äußerlichen Schönheit erfreute – mich an der zarten Grazie und der Schärfe Ihres Verstandes und der Weichheit und dem gleichmäßigen Schlag Ihres Herzens zu erfreuen – dies waren die Absichten. Sie aber hatten keine vergleichbaren Absichten, vom zweiten Brief an haben Sie das Band abreißen lassen und in ein kaum wahrnehmbares, unsichtbares

Fädchen verwandelt. So ist es und es ist Ihr gutes Recht. Sicher haben Sie sich immer wieder die Frage gestellt: *weshalb* sollte ich ihm schreiben? Und keinen vernünftigen, praktischen Grund gefunden. Eines könnte ich Ihnen vorwerfen: hätten Sie aufrichtig sein wollen, so hätten Sie als Antwort auf den dritten oder vierten Brief beispielsweise schreiben können, Sie hätten keine Zeit und könnten vorläufig nicht schreiben. Ich würde diese *points* auf dem *i* verstanden haben, ich war schließlich in Japan, dort hat man uns anfangs ebenso geantwortet (siehe »Russen in Japan«), und wir haben verstanden. Dann hätte ich mich nicht in quälenden Vermutungen ergehen müssen, wohin meine Briefe verschwinden. Aber das macht eigentlich auch nichts: ich bin tatsächlich »nachsichtig«, streng bin ich nur mit Worten. Wieso haben Sie nicht gesagt, wie viele Briefe genau Sie erhalten haben: war es Ihnen peinlich, fünf oder sechs zu bestätigen, die Sie gerade einmal mit anderthalb Seiten beantworteten, oder ist vielleicht der eine oder andere gar nicht angekommen, zum Beispiel der, den ich nach Moskau geschickt habe? Sie haben sehr geschickt auf alle Briefe angespielt, außer auf den Moskauer: ist er eingetroffen?

31. Dezember 1855

Schon einige Tage liegt hier der fertige, noch nicht abgeschickte Brief an Sie. Wieso ich ihn nicht abgeschickt habe? Das weiß ich selbst nicht: teils deshalb, weil er allzu offenherzig ausgefallen ist, teils aus Stolz – verursacht durch Ihre

Faulheit und Nachlässigkeit. Dies alles hat mich zurückgehalten, vielleicht würde ich den Brief überhaupt nicht abschicken, hätte sich das Gedächtnis meines Herzens dank einiger hier mit Ihnen verbrachter Wochen und einiger angenehmer Stunden und schließlich glücklicher Minuten (nicht für Sie) nicht lauter als jeder Stolz und jede Eigenliebe zu Wort gemeldet. Da sehen Sie, wie simpel und aufrichtig ich bin! So schicke ich den Brief also ab, aber nur die eine Hälfte, die andere werde ich hierbehalten und vermutlich vernichten, nachdem ich noch einiges in diesen Brief übertragen habe. Der Brief ist allzu lang geworden: er wird Ihnen keinerlei praktischen Nutzen oder Gewinn bringen, es sei denn, Sie ziehen den einzig richtigen, logischen Schluss, dass ein langer Brief, den ich trotz meiner knapp bemessenen Zeit geschrieben habe, ein ... langer Brief ist.

Es war übrigens ein sehr vernünftiger und gesitteter Brief, aber das konnte auch nicht anders sein: »mein bester Freund« ist verschwunden, er existiert nicht mehr, er ist dahin, hat sich aufgelöst, ist zu Staub zerfallen. Zurückgeblieben bin allein ich, mit meiner Apathie oder Schwermut, mit Leberschmerzen, ohne die »Gabe des Wortes«, folglich gibt es niemanden mehr, der Sie mit seinen Hirngespinsten ängstigen und belästigen kann. Bevor er sich verflüchtigte, hauchte er mir Ihre Worte entgegen: »*Tout va pour le mieux**. Gut, dass sie abgereist ist, gut auch, dass sie so lange nicht geschrieben hat: *tout, tout est pour le*

* (franz.) Alles wird gut.

mieux*«. Um die Erinnerungen nicht zu wecken, sah er sich nicht einmal mehr Ihre Porträts an, er las nicht mehr und ging auch nicht mehr ins Theater (vor allem nicht in die »Lucia«) und erlosch so friedlich, um *der Inspiration willen, der Tränen, des Lebens* usw., wie er sagte. (Er hatte die Gabe des Wortes.) Doch zum Kuckuck mit ihm: ich habe genug von ihm, und Sie, wie ich mir denken kann, erst recht.

Ich freue mich sehr, dass Ihnen und Ihrer lieben Cousine die Bücher gefallen haben, einschließlich der Einbände. Das »Geheimnis«, von dem Sie schreiben, dass sie darum gebeten habe, die Aufsätze abschreiben zu dürfen, ist das Geheimnis einer Institutsschülerin: ich verstehe nicht einmal, was daran geheimnisvoll sein soll.

Sie fragen nach dem Roman. Ach, wenn doch nur Sie danach fragen würden! Die Redakteure erkundigen sich noch häufiger als Sie, und gleich drei auf einmal, so dass ich, selbst wenn ich ihn geschrieben hätte, nicht wüsste, wie ich, wenn ich einen zufriedenstelle, die anderen loswürde. Vom Roman aber keine Spur. Der Bericht über die Expedition ist fertig, auch die Reisenotizen, der Roman jedoch nicht. Dafür sind günstige, ja beinahe glückliche Umstände nötig, denn die Phantasie, die man für einen Roman wie für ein Werk der Poesie unbedingt braucht, gleicht einer Blume: unter den Strahlen der Sonne geht sie auf und duftet, die Strahlen ... der Fortuna lassen sie erblühen. Doch woher nehmen? Sie sind erloschen für mich, das Alter

---

* (franz.) Alles ist gut.

stülpt sich mir wie eine Mütze über den Kopf. Die Schwermut nagt bis zur physischen Zerrüttung an mir, das Schicksal indessen stürzt mich ins Tohuwabohu und erwartet gesteigerte Anstrengungen. Wie ich mich da herauswinden soll, weiß ich nicht; ich möchte vor der Arbeit davonlaufen und vor den Menschen, aber es geht nicht. Im kommenden Monat soll über meine Stelle entschieden werden: es stehen Vakanzen in Aussicht.

Ihr Bote ist so kurz nach dem Brief bei den Maikows aufgetaucht, dass ich es nicht geschafft habe, Porträts anfertigen zu lassen. Das Wetter ist trübe, da wird nichts aus den Fotografien. Wäre ich übrigens überzeugt, dass Sie, nicht allein – wie soll ich es sagen – von freundschaftlicher Höflichkeit geleitet (*le doute partout**) nach dem Porträt fragen, sondern von der Freundschaft selbst, so würde ich auf der Stelle sogar eine Daguerreotypie schicken. Dieses Mal, so hoffe ich, werden Sie mich nicht grundloser Zweifel bezichtigen: das zweimonatige Schweigen spricht eine eindeutige Sprache. Auf jedem Boden, auf dem Sie sich niederlassen, säen Sie offenbar die Samen der Freundschaft und pflücken dann unbekümmert die Früchte vom Baum, der aus diesen Samen wächst. Deshalb denke ich, dass auch in Grjas nicht alle Besucher *sont importuns***. Betrachten Sie das aber um Gottes willen nicht als Vorwurf: im Gegenteil – es ist eine Ihrer beneidenswertesten Eigenschaften.

* (franz.) Allenthalben der Zweifel.
** (franz.) Lästig sind.

Jemandem vorzuwerfen, dass er großgewachsen ist, einem anderen, dass er klein ist, dies ist nicht nur anmaßend, es ist sogar unsinnig. Ich erwähne es nur, ohne es im Geringsten zu missbilligen. Ich wollte Ihnen schreiben und habe es getan, Sie wollten nicht und haben nicht geschrieben – an diesem *wollen* und *nicht wollen* sind weder Sie schuld noch bin ich es. Sie sehen, ich bin nicht nur nachsichtig, sondern auch besonnen, und noch dazu grenzenlos nachsichtig Ihnen gegenüber. Vielleicht kann ich ja auch zwischen den Zeilen Ihres Briefes lesen, die wahren Gründe Ihres Schweigens erraten – und alles gelassen betrachten, vielleicht mit Nachsicht, vielleicht wäre ich nachsichtig, hätte ich denn einen Anlass, einen Grund und das Recht, nachsichtig auch gegenüber anderen, wichtigeren Ereignissen ... in Ihrem Leben zu sein ... Ich bin nachsichtig bis zur Selbstverleugnung. Wenn Ihnen zum Beispiel Ihr Porträt nicht gefällt, das Nikolai Apollonowitsch geschickt hat (es ist blass), so kann ich Ihnen jenen Abzug schicken, den ich besitze (er ist ausdrucksstärker), dann könnte ich auch gleich mein Porträt beilegen, wenn ... Sie es denn haben möchten. All die anderen Versprechen und Absichten ... wie viele es waren! Ich bekenne meine Schuld: zum Beispiel wollte ich Ihnen Konfekt schicken; aber das geht nicht, es würden nur Krümel ankommen. Das Gedicht hält Apollon noch immer unter Verschluss und rückt es nicht heraus. Und Sie, weshalb haben Sie Ihrem Boten nicht das Buch von Turgenjew mitgegeben, die Gelegenheit war doch günstig. Oder haben Sie es verloren, verschenkt, sich angeeignet? Sagen Sie es mir offen und denken Sie immer daran, wie »nachsichtig« ich bin. Allein Ihnen gegenüber.

Neues aus der mir vertrauten Sphäre gibt es nicht zu berichten. Die Feiertage habe ich bei den Maikows verbracht, ich habe ihnen gesagt, dass ich einen Brief von Ihnen bekommen und ihn mit einem Zusatz im Brief der Alten beantwortet habe. Der Alte erzählte außer über die Süße der Ehebande von der Bürde durchwachter Nächte: er arbeitet für die »Lesebibliothek«, liest Manuskripte und Korrekturen. Nikolai Apollonowitsch malt die Ikonen zur Verlobung des Großfürsten Nikolai Nikolajewitsch, Jewgenija Petrowna, Apollon und Anna Iwanowna geht es gut, Konstantin Apollonowitsch, Lchowski, Burka und Solonizyn geht es auch gut, und auch mir geht es gut. Die italienische Bühne gibt den »Moses« von Rossini, die russische ein Stück von Potechin, das Erfolg hat. Ich komme gerade von Turgenjew, dort war unter anderem auch Martynow, der in dem Stück von sich reden machte, und wir tranken auf seine Gesundheit. Ich würde Ihnen zum Schluss gern beschreiben, wie amüsant ich einen interessanten Abend bei ... verbracht habe, das werde ich irgendwann später einmal nachholen, wenn Sie nichts zu tun haben, jetzt stehen die Feiertage vor der Tür, und Sie werden sicher *unerträgliche* Gäste empfangen.

Silvester werden wir wohl bei Jewgenija Petrowna feiern, das heißt heute Abend, am 31. Dezember.

Ich wünsche Ihnen alles Gute zum neuen Jahr, auch Ihrer Mama, wenn Sie bei Ihnen ist: erinnern Sie sie an mich und küssen Sie ihr die Hand (übrigens auch Ihre eigene). Sie war mir wohlgesinnt. Um eine Antwort zu bitten oder darauf zu hoffen, schon gar auf eine rasche, versage ich mir. Teilen Sie mir aber wenigstens irgendwann einmal mit, dass Sie diesen Brief erhalten haben, und bleiben Sie gesund, glücklich und meiner unwandelbaren Ergebenheit versichert.

Gontscharow

P.S. 2. Januar 1856. Silvester habe ich bei den Maikows gefeiert. Ich habe Rum-Likör, Champagner und einige Ananasse mitgebracht. Die Damen haben so viel getrunken, dass Jewgenija Petrowna bei der Verabschiedung der Gäste nur noch matt die Lippen und die rechte Hand bewegen konnte, ohne vom Stuhl aufzustehen. Der Alte hat seine Alte in eine Decke gewickelt und unter dem Arm nach Hause getragen, und Junija Dmitrijewna hat alle Männer angeschmachtet, mit Ausnahme des eigenen.

Es erhebt sich die Frage: was hätten Sie getan?

8. Februar 1856
Sollten sich meine Vermutungen bezüglich der »Aufzeichnungen eines Jägers« in meinem letzten Brief (von wann genau, erinnere ich mich nicht mehr) als unbegründet er-

wiesen haben, das heißt, Sie haben das Buch weder verloren noch verschenkt noch endgültig Ihrem Eigentum einverleibt, so könnten Sie, herrliche Jelisaweta Wassiljewna, es mir vielleicht schicken (an die alte Adresse)? Es ist jetzt nirgendwo mehr zu bekommen, nicht einmal für viel Geld: kürzlich hat sich sogar der Autor selbst auf Bitten der Frau eines Ministers vergeblich darum bemüht. Ich habe ihm Hoffnung gemacht, Abhilfe schaffen zu können, und vertraue nun auf Ihr Entgegenkommen, auf Ihre Zuverlässigkeit und Eile in all jenen Fällen, in denen es um die Erfüllung von Wünschen Ihrer guten Bekannten geht. Ich weiß allerdings nicht, ob Sie mich überhaupt zu den »guten« Bekannten zählen?

Hier steht alles bestens, alle sind gesund, lassen Sie aber nicht grüßen, vermutlich, weil sie nichts von meiner Absicht wissen, Ihnen zu schreiben. Mit Ihrem Schweigen hat man sich abgefunden, nur die Alte murrt hin und wieder verstohlen mit bissiger Sanftmut, sie habe Ihnen geschrieben, sei aber wohl »keiner Antwort würdig«. Ich tröste sie dann und sage, dass ihr Brief vermutlich zuerst nach Kiew gegangen sei und erst dann nach Swenigorod ging. Und Jewgenija Petrowna grämt sich bisweilen, dass ihr Warwara Alexandrowna überhaupt nicht mehr schreibt.

Der ganze Ihnen vertraute Kreis geht oft ins Theater und stattet einander Besuche ab. Kürzlich haben wir alle bei der Borosdna diniert, anlässlich des Namenstages ihrer Tochter, heute fahren wir zu den Stakenschneiders, sie geben ein Theaterstück bei sich, übermorgen sind wir beim Grafen Tolstoi usw. Zwischen den Häusern Tepljakow und Asarewitsch spielt sich ein finsteres Drama ab, doch es geht nicht um Liebe: Anlass ist Tepljakows Absicht, einen Ball an einem Mittwoch zu geben, an dem Asarewitsch seinen Empfangstag hat, und irgendeine Fürstin und einen Baron von dort zu sich hinüberzulocken. Gestern hat mir die Alte, die die Angelegenheit in allen Einzelheiten kennt und – allerdings erfolglos – zu schlichten versucht, verschiedene Szenen geschildert, eine schlimmer als die andere. Die jungen Leute haben sich dabei besonders hervorgetan, einerseits Tepljakows Töchter, andererseits Katja M., wobei die jüngere Tepljakowa Rachels Talent nacheifert – ihrem feurigen Blick, der elektrisierenden Redeweise und der tragischen Magerkeit. In der Schestilawotschnaja Straße hat sich die Partei der Montecchi zusammengetan, in der stillen Wladimirskaja (erinnern Sie sich noch an die Wladimirskaja und an die schöne, herrliche »Ecke«?) die der Capuleti. Das sind die umwerfenden Ereignisse, die unseren friedlichen Kreis bewegen!

Alles dreht sich jetzt um die Landhäuser und darum, sich den Sommer über in alle Winde zu zerstreuen. Ich werde mich vielleicht dem Alten und der Alten anschließen und mich irgendwo in der Umgebung niederlassen, sollte es mein neues Amt, das ich nun in etwa zwei Wochen antreten werde, gestatten, mich aus der Stadt zu entfernen.

Leben Sie wohl, Ihrer Mama meine ehrerbietigsten Grüße, und wenn Sie noch immer bei Ihrer Tante sind, so auch ihr und der lieben Cousine, und vergessen Sie nicht den Ihnen aufrichtig ergebenen

                              Gontscharow

20. Februar 1856

Vorgestern hat man mir das Buch von der Post gebracht: ich danke Ihnen. Somit konnte ich mich also davon überzeugen, dass Sie zu Eile und Aufmerksamkeit fähig sind, wenn es darum geht, die Wünsche Ihrer – fast hätte ich gesagt – Freunde zu erfüllen, der einstigen Freunde, wie ich schnell hinzufügen möchte. Etwas anderes zu denken, wage ich nicht. Ihr fünfmonatiges, selten und unwillig unterbrochenes Schweigen hat mich und auch die anderen völlig davon überzeugt, dass wir aus dem Kreis Ihrer Freunde verbannt sind.

Ich halte mich an jene Regel, die besagt, wie »unerträglich« oder anregend Gäste auch sein mögen, sie können mich nicht daran hindern, eine Stunde am Morgen oder Abend oder auch des Nachts aufzusparen, um meinen »wahren« Freunden zu schreiben; an die »einstigen« zu schreiben dagegen hindert mich alles, selbst das Wetter. Doch darüber sprachen wir bereits, es würde Ihnen auch schwerfallen, dies zu widerlegen.

Das Buch hatte man mittlerweile schon irgendwo aufgetrieben, denn ich konnte ja nicht mit Sicherheit versprechen, es zu beschaffen, da ich nicht darauf zu hoffen wagte, dass Sie so aufmerksam zu mir sein würden. Verzeihen Sie, dass ich Sie behelligt und vielleicht für einen Augenblick aus dem Dunstkreis der Vergnügungen herausgerissen habe, möglicherweise gar des Glücks? Noch mehr danke ich Ihnen für den homöopathischen Brief. Sie veranlassen mich, auch an die Homöopathie zu glauben: eine derart kleine Dosis, aber wie wunderbar sie wirkt! Schon den dritten Tag habe ich wieder Appetit, ich schlafe gut und fühle mich wunderbar; obwohl Sie den Brief offenbar nur deshalb geschrieben haben, weil Sie es für unhöflich hielten (ja, es wäre sogar feindselig gewesen), das Buch zu schicken, ohne ein Wort zu schreiben. Wie lieb der Brief ist, ungeachtet seiner Kürze und der Hast, mit der er geschrieben wurde; als sei er ein Fragment aus dem ersten, gleich nach Ihrer Abreise gesendeten Brief. Sie müssen wohl tatsächlich glücklich sein und haben deshalb auch einen Außenstehenden mit einem Tropfen dieses Glücks besprengt. Die Freude zu teilen – das ist ein Zeichen von Gutherzigkeit. Ich danke jenem oder jener oder jenem Umstand, der Sie glücklich macht, in Gedanken. »Je ne sais qu'aimer[*]«, sagen Sie, das klingt so schön, obwohl Sie nicht sagen, wen. Wer's glaubt, wird selig ... Sie sind allerdings tatsächlich so wundervoll harmonisch geschaffen, äußerlich wie innerlich, dass ich, ohne jegliche arriére pensée[**], von Ihrer Fähigkeit über-

---

[*] (franz.) Alles, was ich kann, ist lieben.
[**] (franz.) Hintergedanken.

zeugt bin – zu lieben, zu verzeihen, kurz, gütig zu sein, ganz allgemein: weh dem, der auf Ihre ausschließliche Freundschaft hofft. Sie haben gern Freunde um sich, ein Freund allein aber würde Ihnen zur Last fallen: seine Rechte würden Ihnen lästig werden. So scheint es mir, weshalb, weiß ich nicht. Ich kann mir nicht einmal vorstellen, dass Sie jemanden hassen, nicht einmal, dass Sie jemandem zürnen, obwohl Sie mir versicherten, dass Sie einst ihrem Mädchen etwas entgegengeschleudert haben, und mir haben Sie einmal, als wir bei der Alten waren, auf den Fuß getreten.

Das wird Ihnen natürlich doppelt zurückgezahlt: von uns zum Beispiel. Den Petersburgern sagt man nach, sie seien kalte Egoisten, doch es vergeht kaum ein Tag, an dem sich die »einstigen« Freunde nicht Ihrer erinnerten. So kamen wir auch vorgestern bei der Alten auf Sie zu sprechen (da sie weiß, wie sehr ich Sie verehre, nahm sie, listig wie sie ist, mein Porträt und stellte es neben das Ihre), ich erklärte mit Entschiedenheit, auf der Welt gäbe es keine schönere Frau als Sie, folglich nirgends, außer im Himmel natürlich, aber das seien keine Frauen, sondern Cherubim und Seraphim; ich hätte in England schließlich Frauen gesehen – königliche Geschöpfe, wie viele sagen, demnach könne man sich ruhig auf mein Urteil verlassen. Nachdem ich dies erklärt hatte, spürte ich, dass ich einem der von Cervantes verlachten mittelalterlichen Ritter glich, der mit dem Speer in die Arena tritt und jedem die Stirn bietet, der zu bezweifeln wagt, dass *die Dame seiner Träume* schöner ist als alle anderen. Die Anwesenden protestierten und riefen einen der Ihren zum Richter an. Dieser neue Paris bezeugte, auch er habe keine schönere Frau gesehen, als Sie es sind. Nun begannen Debatten darüber, in welchem Lichte betrachtet Sie schön seien und in welchem nicht. Ich hörte mir dieses Geschwätz aber nicht weiter an.

Ich bin von meiner Ansicht überzeugt, dafür gibt es ein untrügliches Zeichen: wenn das eitle Getriebe und der Materialismus von mir abfällt, wenn das Fett weicht (nicht das physische – auch mein Geist und mein Verstand setzen manchmal Fett an), wenn mein Verstand und mein Gefühl sensibler werden, wenn das Bedürfnis nach ästhetischen Genüssen erwacht, sehe ich augenblicklich Sie im Geiste vor mir, und die vier Monate Ihrer Abwesenheit scheinen wie weggewischt! Dabei bin ich gar nicht in Sie verliebt: Gott behüte, was für ein Gedanke! »Lieben Sie sie doch«, sagt man mir, »ohne zu zweifeln.« Ja, wer liebt Sie denn nicht? Dies ist Ihr verbrieftes Privileg.

Doch das alles wollte ich gar nicht sagen, wenn ich es gesagt habe, so geschah es ganz unabsichtlich. Verzeihen Sie, dass ich Sie von Ihrem Salon abgehalten habe, von den Besuchern, möglicherweise auch vom Briefeschreiben. Sie schreiben, dass Sie in den nächsten Tagen meine beiden Briefe beantworten wollen, so beantworten Sie auch gleich noch diesen dritten. Ist es denn wirklich wahr? *In den nächsten Tagen?* Vor Gott dem Herrn, heißt es in der Heiligen Schrift, sind tausend Jahre wie ein Tag, bei Ihnen aber ist ein Tag vielleicht wie tausend Jahre: wenn dem so ist, werde ich wohl lange auf Briefe von Ihnen warten müssen. Doch ich freue mich, dass Sie noch hier sind, in unserer Nähe, schreiben Sie, *ob Sie lange bleiben werden* – und zwar aus folgendem Grund: Lewizki hat vor kurzem mehrere Literaten zu sich eingeladen, darunter auch mich, und uns um die Erlaubnis gebeten, unsere Porträts aufnehmen zu dürfen, offenbar aus Berechnung: er will sie verkaufen und auch nach Paris schicken, für die dortige »Illustrierte«. Außer einzelnen Porträts hat er auch eine Gruppenaufnahme von sechs Personen angefertigt – von Ostrowski, Drushinin, dem Grafen Tolstoi, Turgenjew, Grigorowitsch und mir. Alles ist bestens gelungen: Ich hatte Ihnen doch versprochen, mein Porträt zu schicken: sollten Sie noch immer den Wunsch haben, es zu bekommen, werde ich es Ihnen schicken; und wenn Sie die Worte: »je ne sais qu'aimer« wiederholen und noch »Vous«* einfügen, das heißt auch mich, so schicke ich auch die Gruppenaufnahme. »Wieso wollen Sie das wissen?«, fragen Sie. Ich weiß es selber nicht, doch es ist sehr schön; ich werde wieder Appetit haben und gut schlafen können, und meine seelische Verfassung wird noch besser werden. Als das Gruppenbild aufgenommen wurde, habe ich an Sie gedacht – ganz unabsichtlich: ich musste daran denken, dass ich Sie genau in diesem Raum gesehen habe, mit Ihrer Cousine.

* (franz.) Sie.

Sitzend: Iwan Gontscharow, Iwan Turgenjew, Alexander Drushinin, Alexander Ostrowski. Stehend: Lew Tolstoi, Dmitri Grigorowitsch. (v.l.n.r.)
Foto von Sergej Lewizki, 1856

Die Porträts werden in der ersten Fastenwoche fertig sein, in der zweiten sollen sie gerahmt werden und in der dritten werde ich sie Ihnen sicher schicken können, wenn Sie mir schreiben, wohin. Ich warte auf Ihre – möglichst baldige – Antwort.

Fast wäre ich nach Simbirsk abgereist, um mich für eine Zeit dort niederzulassen und zu arbeiten, doch in etwa drei Tagen erwarte ich die Anordnung über meine Versetzung auf jenen Posten, von dem ich Ihnen berichtete. Dann werde ich natürlich nicht schreiben können, sondern werde nichts als lesen müssen.

In Kürze wird fast die ganze derzeitige russische Literatur bei mir zu Mittag speisen (allerdings nicht in meiner Wohnung), ich dagegen habe gestern bei der Literatur zu Mittag gespeist, auch vorgestern usw. Vorläufig tun wir nichts, als zu Mittag speisen; manche essen auch noch zu Abend. Mit diesem Essen will ich mich von der Literatur verabschieden.

Jewgenija Petrowna kränkelt, die Alte ebenfalls: beide machen dauernd Besuche und kleiden sich trotz des hiesigen Klimas in irgendwelches Konfektpapier, da haben sie sich dann erkältet. Auch auf diesem Gebiet sind Sie klüger als alle anderen: Sie ziehen sich warm an.

Leben Sie vorerst wohl und zürnen Sie mir nicht wegen des langen Briefs: ich kann keine homöopathischen Briefe schreiben – ich bin Allopath. Vergessen Sie, wenn möglich, bitte nicht den Ihnen herzlich ergebenen (einstigen) Freund
I. Gontscharow

An Ihre Mama, die Tante und die Cousine je einen ehrerbietigen Gruß.

Ob Iwan Gontscharow je eine Antwort auf diesen letzten Brief erhalten hat, lässt sich nicht mehr sagen, die Briefe von Jelisaweta Tolstaja sind nicht erhalten, und auch an anderer Stelle findet sich kein Hinweis darauf. Es ist aber anzunehmen, dass die von ihm ersehnte »baldige Antwort« ganz ausblieb. Auch ist heute nicht mehr zu rekonstruieren, ob Gontscharow über die Hochzeitsvorbereitungen der »apartesten, feinfühligsten Freundin« informiert war. Ein halbes Jahr nach diesem letzten Brief muss ihn wohl (im September 1856) zunächst ein Schreiben oder eine Nachricht von Jelisaweta Tolstajas Mutter erreicht haben, in der diese ihn bat, seine Beziehungen einzusetzen, um die Einwilligung der Kirchenbehörde für die Eheschließung der Tochter mit ihrem Cousin Alexander Mussin-Puschkin zu erwirken (wie wir Gontscharows Antwortschreiben vom 28. September 1856 entnehmen). Gontscharows Antworten auf zwei diesbezügliche Briefe der Mutter, auf einen letzten Brief Jelisaweta Tolstajas und auf einen Brief von Alexander Mussin-Puschkin, den »Freund aus Kindertagen« und Bräutigam, drucken wir untenstehend ab.

29. Oktober 1856

Ich kann mich noch immer nicht entschließen, der Gräfin in Ihrem Auftrag einen Brief zu schreiben, Jelisaweta Wassiljewna: ich fürchte der Angelegenheit mit meinem *lettre d'introduction** zu schaden. Es wird seltsam erscheinen, wenn ich einer Frau eine Frau empfehle; meine Zuständigkeit wird nicht anerkannt werden. Könnten Sie sich statt von mir nicht von einer Dame bei der Gräfin empfehlen lassen und der Gräfin Ihre Aufwartung vor dem Eintreffen meines Briefes machen? Nach Ihrer Visite wäre ein Brief von mir vielleicht passender und würde womöglich Nutzen bringen.

Andernfalls würde man mir nicht glauben und meine Bemühung zudem irgendwie merkwürdig finden.

Es wäre besser, wenn ein Fräulein oder zum Beispiel Graf Perowski ein Treffen mit der Gräfin arrangieren könnte. *Nach diesem Treffen* würde ich ihr dann sofort meinen Brief schicken. Kurz, die Initiative der Empfehlung sollte nicht von mir ausgehen.

Ich hoffe, Sie billigen meine Vorsicht und handeln entsprechend.

Ich grüße Sie freundschaftlich, ebenso Jewgenija Petrowna und Nikolai Apollonowitsch.

I. Gontscharow

Ich werde versuchen, am Sonntag zu Stepan Semjonowitsch zu kommen.

Hier enden die Briefe an Jelisaweta Tolstaja

---

* (franz.) Empfehlungsschreiben.

An Warwara Tolstaja (Jelisaweta Tolstajas Mutter)

27. Oktober 1856

Frauen Ihres Alters, liebe Warwara Alexandrowna, nennt man nicht alt – da irren Sie: ich selbst bin ja in einem Alter, in dem ich nur von Frauen reiferer Jahre Aufmerksamkeit erwarten darf.

Ich bedauere sehr, dass ich weder die eine noch die andere Ihrer Bitten erfüllen kann: über das Geld verfüge ich erst ab dem 1., heute Abend aber bin ich zum Kartenspiel eingeladen und ich habe […]*

… hoffe ich, Sie zu sehen.

Ich bitte Sie gehorsamst, Monsieur und Madame Odinzow und Alexander Illarionowitsch meine Grüße zu übermitteln, seien Sie meiner Hochachtung und Ergebenheit versichert.

I. Gontscharow

An Warwara Tolstaja (Jelisaweta Tolstajas Mutter)

28. September 1856

Bevor ich selbst zu Ihnen komme, sehr geehrte Warwara Alexandrowna, möchte ich Sie schnell davon in Kenntnis setzen, dass *Konstantin Serbinowitsch* nur einige Schritte von Ihnen entfernt wohnt, genauer gesagt, in der Litejnaja,

* Hier fehlt ein Textstück.

im selben Haus, in dem Sie damals wohnten: also im einstigen Pehlschen Haus, das jetzt der Geistlichen Behörde gehört. Er ist Direktor einer der Synodalabteilungen und kann Ihnen folglich mehr als jeder andere in Ihrer Angelegenheit behilflich sein. Wollen Sie ihm nicht Ihre Aufwartung machen? Er wird Sie beraten, an welchen der geistlichen Vertreter Sie sich mit der Bitte wenden müssen, von wem das abhängt, außerdem kennt er dort jeden und übernimmt es vielleicht, sich darum zu kümmern, wenn Sie sich kennengelernt haben.

Das Gerücht über meinen Bekannten hat sich als unzutreffend erwiesen: er bekleidet den Posten nicht, von dem die Maikows gestern sprachen, folglich weiß ich nicht, wen ich fragen sollte.

Falls Herr Serbinowitsch ein ausführliches Schreiben in dieser Angelegenheit benötigt, so biete ich Ihnen meine Dienste an, es aufzusetzen, vielleicht ist es aber auch nicht nötig, wenn Sie ihm erzählen, worum es geht. Ich wünsche von ganzem Herzen, dass sich alles zu Ihrer Beruhigung und zu Jelisaweta Wassiljewnas Zufriedenheit fügt.

In Erwartung des Vergnügens, Sie zu sehen, habe ich, gnädige Frau, die Ehre, Ihr ergebenster Diener zu sein.

I. Gontscharow

Herr Serbinowitsch ist sicher schon am Nachmittag zu Hause.

An Alexander Mussin-Puschkin

30. Oktober 1856

Beiliegend das Porträt von Jelisaweta Wassiljewna, das ich nach ihrer Abreise von Lewizki abgeholt habe. Verzeihen Sie, sehr verehrter Alexander Illarionowitsch, dass ich Ihnen nicht das andere, in Nikolai Apollonowitschs Auftrag ebenfalls von Lewizki angefertigte Porträt anbiete: außer der Ähnlichkeit mit dem Original verkörpert es auch das Ideal weiblicher Schönheit ganz allgemein; Nikolai Apollonowitsch hat die poetischste Seite dieser Schönheit überaus kunstvoll eingefangen. Wenn Sie gestatten, behalte ich dieses Porträt bei mir und werde ihm künstlerisch meine Aufwartung machen.

Ich bitte Sie ergebenst, Jelisaweta Wassiljewna die beigefügte Fotografie der Literatengruppe zu übergeben, auf der ich ebenfalls verewigt bin. Möge Jelisaweta Wassiljewna auch mich in Gesellschaft meiner fünf Kollegen in Erinnerung behalten, als einen der eifrigsten Bewunderer ihrer Schönheit, ihres Verstands und anderer Vorzüge.

Noch eine Bitte: Ihre Schwester bekundete anlässlich einer Begegnung eine so liebenswürdige Aufmerksamkeit für mich und meine Werke, dass ich mich erkühne, ihr durch Sie das beigefügte Exemplar meines Werks »Russen in Japan« zu senden, ein langweiliges, unwichtiges Werk, ohne Poesie, ohne Heldinnen und Helden, ich sende es ihr auch nicht als bemerkenswertes Buch, sondern einfach so – als

Alexander Mussin-Puschkin

expression des hommages distingués*, wie es in der Widmung heißt. Ich wäre verpflichtet gewesen, es ihr selbst zu überbringen, doch ich bin völlig menschenscheu geworden und gehe fast nicht mehr aus, außer zu den Maikows und in ein, zwei befreundete Häuser.

Ich füge außerdem zwei Broschüren über das Kap der Guten Hoffnung und Singapur als Ergänzung zu meinen Reiseaufzeichnungen für Jelisaweta Wassiljewnas Bibliothek bei.

Ich bitte Sie ergebenst, Warwara Alexandrowna und Monsieur und Madame Odinzow meine Verehrung zu übermitteln und die Versicherung meiner vorzüglichen Hochachtung und Ergebenheit entgegenzunehmen.

I. Gontscharow

---

* (franz.) Als Ausdruck besonderer Wertschätzung.

Iwan Gontscharow, 1886

Anhang

Nachwort

> *»Solange Sie hier waren,*
> *hatte ich Flügel,*
> *jetzt sind sie abgefallen.«*
> (aus dem Brief vom 25. Oktober 1855)

Im Januar 1857 heiratet Jelisaweta Tolstaja ihren vier Jahre jüngeren Cousin, den Offizier der Leibgarde und Gutsbesitzer im Landkreis Jaroslawl, Graf Alexander Mussin-Puschkin, über den es in »Pour et contre« heißt: »*Was spielt das für eine Rolle, dass er ein Jüngelchen ist, er hat schließlich ein Pferd, sie liebt das.*«

Wie der mit Äußerungen über sein Privatleben überaus zurückhaltende Iwan Gontscharow auf die Eheschließung der von ihm idealisierten »Lisa« reagierte, wissen wir nicht, die Briefe jener Zeit berühren dieses Thema nicht, wie er überhaupt in den überlieferten Briefen an Freunde, Bekannte oder Verwandte fast nie auf seine Gefühle eingeht – und falls doch einmal, so immer unter dem Schutz der Selbstironie. Nur im Rückblick schreibt er 1888 lakonisch an den Freund seiner späten Jahre Anatoli Koni (mit Bezug auf ein Gedicht von Alexander Puschkin): »*Ich habe einige solcher Dramen durchgemacht und bin daraus jedes Mal ›unrasiert, blass und mager‹ hervorgegangen.*« Auch Berichte von Zeitgenossen über Gontscharows Privatsphäre sind überaus rar. Wie er sich gefühlt haben mag, kann man allenfalls einem Brief des Schriftstellers Alexej Pissemski an den Dramatiker Alexander Ostrowski entnehmen, in dem es im Februar 1857 heißt: »*Unser Freund Iwan Gontscharow gleicht nun endgültig dem Onkel aus seiner ›Alltäglichen Geschichte‹* [der Gestalt des Pjotr Adujew aus Gontscharows erstem Roman – V.B.] *und jagt mir einen derartigen Schrecken ein, dass es mir sogar schwerfällt, mit ihm zusammenzutreffen.*« Eine vage Vorstellung erhalten wir außerdem aus einem der hier abgedruckten Briefe an Jelisaweta Tolstaja vom November 1855, in dem Gontscharow vorausschauend konstatiert: »*Wollte man mir das Recht nehmen, mit Ihnen zu reden, wie vieles würde mir fehlen; der lebendigste Faden würde abreißen, der lebendigste Nerv gelähmt sein, der mich mit den Menschen und der Gesellschaft verbindet. Verwundert es da, dass ich mich bei der Vorstellung, Sie könnten heiraten, des Schreckens nicht erwehren kann und in Ihrem künftigen Mann einen Feind erblicke? Er wird ja weder Ihnen noch mir zu schreiben gestatten, dieser Unmensch!*«

Ob sie sich je wiedergesehen haben, wissen wir nicht, aber es ist sehr wahrscheinlich, denn Archivunterlagen belegen, dass Jelisaweta Mussina-Puschkina mit ihrer Familie zunächst einige Jahre in Petersburg gelebt haben muss. Vermutlich verkehrte sie auch weiterhin bei den Maikows: einer der Maikow-Söhne, Wladimir Maikow, der in den Briefen unter seinem Spitznamen »der Alte« auftaucht, wurde im Januar 1858 Taufpate ihres erstgeborenen Sohnes Semjon. Mehr noch, Semjon Mussin-Puschkin wird Wladimir Maikow später in einem Brief als guten Freund seines Vaters bezeichnen. Bedenkt man, wie eng Iwan Gontscharow dem Ehepaar Wladimir und Jekaterina Maikow verbunden war, so wird er sicherlich auch Anteil am weiteren Lebensweg von Jelisaweta Mussina-Puschkina genommen haben, der sich tragisch gestaltet. Nach nur sechs Ehejahren nimmt sich Alexander Mussin-Puschkin, der an einer erblichen psychischen Erkrankung leidet, 1863 zweiunddreißigjährig das Leben. Vierzig Jahre danach wird sein Sohn in einem Brief die Todesumstände mit für die damalige Zeit erstaunlicher Offenheit beschreiben: »[…] *Ich wurde 1858 in Petersburg geboren. Mein Taufpate war der verstorbene Wladimir Maikow […], er war ein guter Freund meines Vaters, des einstigen Leibhusaren und Aktivisten der Bauernbefreiung in unserem Landkreis. Meine Mutter, eine geborene Tolstaja, wurde in der Familie von Nikolai Maikow (dem Maler) und Jewgenija, geborene Gusjatnikowa, freundschaftlich aufgenommen. Der zu früh verstorbene Walerian Maikow und Iwan Gontscharow machten ihr den Hof, sie aber zog es vor, ihren Cousin Alexander Mussin-Puschkin zu heiraten, der seinem Leben im Irrenhaus ein Ende setzte. Es ist eine Erbkrankheit bei uns, die schon auf meinen Ururgroßvater zurückgeht. Ich habe sie glücklicherweise überstanden, nachdem ich 1878/79 sechs Monate krank war und ebenso lange im Jahre 1881* […]«

Nach dem Tod ihres Mannes muss Jelisaweta Mussina-Puschkina allein für ihren Lebensunterhalt und den der drei Kinder sorgen. Sie nimmt 1868 eine Stellung in einem Mädchenpensionat an. Bald darauf stirbt ihre Tochter. Zermürbt vom Lebenskampf und den Schicksalsschlägen, stirbt auch Jelisaweta Mussina-Puschkina fünfzigjährig bereits 1878 und muss nicht mehr miterleben, wie ihre beiden erblich belasteten Söhne ihrem Leben ebenfalls selbst ein Ende setzen.

Ob Jelisaweta Tolstaja jemals Gontscharows Bitte beherzigt hat, die Briefe keinem Außenstehenden zu zeigen? Nach ihrem Tod gelangen sie in die Hände der Nachkommen und werden 1913 in der Moskauer Zeitschrift »Golos minuwschego« (»Stimme der Vergangenheit«) publiziert. Das Auftauchen der Briefe (es sind die einzigen überlieferten Einblicke in Gontscharows Seelenleben, die wir kennen) und ihre Veröffentlichung kam damals einer Sensation gleich.

Etwa zu jener Zeit, da die hier abgedruckten Briefe entstanden, schrieb Heinrich Heine in seinen »Memoiren«: »*Es ist eine unerlaubte und unsittliche Handlung, auch nur eine Zeile von einem Schriftsteller zu veröffentlichen, die er nicht selber für das große Publikum bestimmt hat. Dieses gilt ganz besonders von Briefen, die an Privatpersonen gerichtet sind. Wer sie drucken lässt oder verlegt, macht sich einer Felonie schuldig, die Verachtung verdient.*« Wenn wir sie heute, genau hundert Jahre nach ihrer Erstveröffentlichung, dennoch zum ersten Mal in deutscher Übersetzung (wie überhaupt erstmals übersetzt und außerhalb Russlands publiziert) vorlegen, geschieht es in der Überzeugung, dass sie nicht nur Einblick in die Persönlichkeit, die Gefühls- und Lebenswelt des Oblomow-Schöpfers gewähren, sondern auch in der Absicht, Parallelen zwischen Gontscharows Leben und seinem wichtigsten Werk »Oblomow« aufzuzeigen. Dennoch bleiben Zweifel ob der Zulässigkeit eines solchen Unterfangens, handelt es sich bei Liebesbriefen doch um das Intimste eines Menschen, das nicht für die Öffentlichkeit bestimmt ist. Zur Rechtfertigung mag eventuell angeführt werden, dass Gontscharow selbst ja schon in den Briefen immer wieder darauf anspielt, ein *»fremdes Auge«* könne in den Brief schauen: »*Sie werfen mir vor, dass ich mich ›indirekt‹ ausdrücke und in Anspielungen flüchte. Das kommt daher, dass mir immerzu ein fremdes Auge vorschwebt, das in meinen Brief lugt, vielleicht ist es das hübsche Auge Ihrer lieben Cousine, das würde ja noch gehen, aber wenn es eine Cousine männlichen Geschlechts wäre?*«

1849 war in der Literaturzeitschrift »Sowremennik« (»Der Zeitgenosse«) ein Text Iwan Gontscharows unter dem Titel »Oblomows Traum. Episode aus einem unvollendeten Roman« erschienen, der Vorabdruck des späteren 9. Kapitels des »Oblomow«. Er soll die *»Ouvertüre«* zum Roman sein, wie Gontscharow das Fragment im Rückblick nennen wird. Das Publikum ist begeistert und wartet auf das

Buch. Niemand – der Autor am allerwenigsten – ahnt damals, dass ein Jahrzehnt vergehen wird, bis der neue Roman zu Papier gebracht und 1859 publiziert ist. Zweifel, schöpferische Krisen, Zeitmangel – die Arbeit im Finanzministerium und gar die zweieinhalb Jahre währende Weltreise, ab Anfang 1856 die zeit- und kraftraubende Tätigkeit in der Zensurbehörde (allein 1856 sind es 10 453 handgeschriebene Manuskriptseiten, die begutachtet werden müssen) lassen ihn kaum zu Atem kommen. Wie sollte Gontscharow unter diesen Umständen – noch dazu unglücklich in Jelisaweta Tolstaja verliebt – am »Oblomow« weiterarbeiten können? In seinen Briefen kommt er immer wieder auf das Dilemma zu sprechen. So heißt es im Dezember 1855: »*Sie fragen nach dem Roman: Ach, wenn doch nur Sie danach fragen würden! Die Redakteure erkundigen sich noch häufiger als Sie und gleich drei auf einmal* […] *Der Bericht über die Expedition ist fertig, auch die Reisenotizen, der Roman jedoch nicht. Dafür sind günstige, ja beinahe glückliche Umstände nötig, denn die Phantasie, die man für einen Roman wie für ein Werk der Poesie unbedingt braucht, gleicht einer Blume: unter den Strahlen der Sonne geht sie auf und duftet, die Strahlen ... der Fortuna lassen sie erblühen. Doch woher nehmen? Sie sind erloschen für mich ...*«

Nachdem Jelisaweta Tolstaja geheiratet hat, verdüstert sich seine Stimmung weiter. Der »*Faden*« ist abgerissen, »*der lebendigste Nerv gelähmt*«, ganz wie er es prophezeit hatte. Auch seine Gesundheit ist angeschlagen. Im Sommer 1857 beschließt er deshalb, eine Atempause einzulegen, beantragt eine viermonatige Beurlaubung vom Dienst und reist zur Kur nach Marienbad. Und dort ereignet sich etwas, das Gontscharow nicht mehr für möglich gehalten hat. Innerhalb kürzester Zeit beendet er den ersten Teil des »Oblomow« und skizziert den zweiten und weite Teile des dritten Teils des Romans. Es mag seltsam anmuten, berichtet er seiner langjährigen Freundin Junija Jefremowa in einem Brief, dass er innerhalb nur eines Monats fast den ganzen Roman niederschreiben konnte: »*nicht nur merkwürdig, sondern gar unmöglich, doch man muss bedenken, dass er viele Jahre in meinem Kopf gereift ist, ich musste ihn eigentlich nur zu Papier bringen; zweitens ist er noch nicht vollständig; drittens muss er gründlich überarbeitet werden; viertens kann es auch sein, dass ich einen Haufen dummes Zeug geschrieben habe.*«

Der Aufruhr seiner Gefühle wird sich im Roman niederschlagen. Besonders deutlich kristallisieren sich die Ereignisse um Jelisaweta Tolstaja in Ilja Oblomows Seufzer: »*Gott verhüte, wenn die eine Seite Freundschaft empfindet, die andere aber Liebe.*« Jahrzehnte später wird Gontscharow an Anatoli Koni schreiben: »*Was für ein Elend, wenn ein Mann die Liebe au serieux** *nimmt und ›trostlos und bitter‹ liebt.*«

In Marienbad kann er sich, literarisch verfremdet, in Gestalt der Liebe Oblomows zu Olga Iljinskaja, alles von der Seele schreiben – ein Befreiungsschlag. Unwillkürlich drängt sich die Parallele zu einer anderen berühmten Lie-

* (franz.) Ernst.

besgeschichte der Weltliteratur auf, die sich achtzig Jahre zuvor ereignet und ihre Protagonisten weltberühmt gemacht hatte: Goethes Liebe zu Charlotte Buff, die die Bewunderung des jungen Goethe ebenfalls eine Zeitlang genoss und dann bekanntlich einen anderen heiratete. Goethes »Die Leiden des jungen Werthers« werden im Roman »Oblomow« denn auch ironisch in einer Betrachtung über die Liebe erwähnt.

Dennoch darf Jelisaweta Tolstaja nicht mit der Gestalt der Olga Iljinskaja aus dem »Oblomow« gleichgesetzt werden, wie dies seit der Erstveröffentlichung des Briefkonvoluts immer wieder geschah, auch wenn sich in ihr Gefühle des Autors und zahlreiche seiner Erlebnisse widerspiegeln. In die Figur der Olga sind auch Züge der in den hier abgedruckten Briefen häufig erwähnten Jekaterina Maikowa (der »Alten«) eingeflossen, insbesondere der Olga gegen Ende des Romans mit ihren Zweifeln, ihrem Wunsch nach Selbständigkeit. Aber auch die »frühe« Olga, die Oblomow mit der Arie »Casta Diva« aus Vincenzo Bellinis Oper »Norma« verzaubert, lässt Parallelen zu Jekaterina Maikowa erkennen. Aus Zeugnissen von Zeitgenossen wissen wir, dass sie diese Arie im Familienkreis sehr gern sang. Es ist hier nicht der Ort, detailliert auf das außergewöhnliche weitere Leben von Jekaterina Maikowa einzugehen, es sei lediglich angemerkt, dass sie ihren Mann und die drei Kinder 1866 verlässt, um sich, mitgerissen vom revolutionären Geist der sechziger Jahre, dem Nihilisten Fjodor Ljubimow anzuschließen, einem Studenten, den sie als Hauslehrer für ihre Kinder engagiert hatte. Zunächst leben sie in einer Kommune im Nordkaukasus, um im Sinne Tschernyschewskis, Fouriers, Proudhons und anderer Verfechter des utopischen Sozialismus eine neue Gesellschaftsordnung aufzubauen. Als das Experiment scheitert, übersiedelt Jekaterina Maikowa nach Sotschi. Aber die Beziehung zu Ljubimow hält den Belastungen nicht stand und zerbricht. Jekaterina Maikowa bleibt in Sotschi und widmet sich bis ins hohe Alter sozialen Fragen, Problemen der Volksbildung und der Wohltätigkeit. Vergeblich versucht Iwan Gontscharow, die Freundin von ihrem Weg abzubringen und zur Rückkehr nach Hause zu bewegen. Später wird ein Widerhall dieser Ereignisse in seinen Roman »Die Schlucht« einfließen.

Zum Ende des Jahres 1867 wird Iwan Gontscharow auf eigenen Wunsch pensioniert. Nachdem er seine Roman-Trilogie mit »Die Schlucht« (1869) abgeschlossen hat, veröffentlicht er in loser Folge Essays, Erzählungen und autobiographische Skizzen, überarbeitet seine Werke für eine achtbändige Gesamtausgabe, zieht sich aber mehr und mehr aus dem öffentlichen Leben ins Private zurück. In den sechziger und Anfang der siebziger Jahre sieht man ihn meist unzertrennlich mit seinem kleinen Hund Mimischka, von dem er sagt: »*Das ist mein treuer Freund! Er betrügt mich weder, noch beleidigt er mich.*« Mimischka trägt ein goldenes Halsband, und zu Weihnachten wird das

Hündchen »*als erstes beschenkt, es bekam eine Zuckerdose und aß, auf den Hinterbeinen stehend, aus Iwan Alexandrowitschs Händen ein Zuckerstückchen*«, wie sich Gontscharows Großneffe erinnert.

Als 1878 sein langjähriger Diener Karl Ludwig Treugut stirbt, widmet sich Gontscharow bis zu seinem Tod 1891 der Erziehung und Bildung der drei minderjährigen Kinder der mittellos zurückgebliebenen Witwe Alexandra Treugut, die fortan seinen Haushalt führt, sorgt für den Unterhalt der kleinen Familie und nimmt tätigen Anteil am alltäglichen Leben der Kinder Alexandra, Wassili und Jelena. »*Nach dem Tode ihres Vaters*«, schreibt Gontscharow 1883 in einem Begleitbrief zu seinem Testament, »*wurde ich zum einzigen Halt dieser Familie, ohne meine Unterstützung hätte sie ohne Versorgung und ohne ein Dach über dem Kopf dagestanden.*«

Die Liebe zu den Kindern gibt seinem Leben in den letzten Jahren einen Sinn, hilft ihm, »*wenigstens teilweise die Last des Lebens zu tragen und es bis zum Ende zu erdulden*«. Hier folgt er ganz offensichtlich auch dem Vorbild seines Paten, Nikolai Tregubow (1774–1849), eines Junggesellen, der sich in Simbirsk nach dem frühen Tod von Gontscharows Vater, Alexander Gontscharow, ebenfalls liebevoll um die vier Gontscharow-Geschwister gekümmert hatte. Um dem ältesten der Treugut-Kinder, Alexandra (1868 oder 1869–1928), die Gymnasialausbildung zu finanzieren, überlässt Iwan Gontscharow dem Buchhändler und Verleger Glasunow 1878 die Publikationsrechte seines Werks »Fregatte Pallas«, »*einzig deshalb, um mit dieser Summe Sanjas Ausbildung bis zum Abschluss gewährleisten zu können*«, wie es in einem Brief an eine Bekannte heißt. Auch in die Sommerfrische ins baltische Dubbeln nimmt Gontscharow die vierköpfige Familie nun regelmäßig mit: »*Hier können die Kinderchen sich zumindest erholen, können baden, frische Luft atmen und sich kräftigen*«, schreibt er 1883 an seinen Freund Anatoli Koni.

Als Alexandra Treugut im Frühjahr 1891 heiratet, stattet sie »*das Alterchen*« mit einer Mitgift aus. Sein gesamtes Vermögen, große Teile der Wohnungseinrichtung und einige Manuskripte hinterlässt er ebenfalls der Familie Treugut. In einer Widmung des noch unveröffentlichten Manuskripts der Skizze »Ein Mai in Petersburg« heißt es: »*Diesen Text habe ich am 1. August 1891 der Jungfer Jelena Treugut geschenkt, damit sie ihn zu ihren Gunsten zuerst in einer Zeitschrift und später in einer Ausgabe meiner Gesammelten Werke durch den Buchhändler Glasunow oder einen anderen Verleger drucken lassen kann. Iw. Gontscharow.*«

Am 15. September 1891 stirbt Iwan Gontscharow.

Der damals sechsundzwanzigjährige Schriftsteller Dmitri Mereshkowski notiert kurze Zeit später in seinem Notizbuch: »*Ich komme gerade von der Seelenmesse für Gontscharow* […] *Wie doch jetzt, vom Tod befreit, das tief in seinem Herzen Verborgene in dem blassen, verjüngten und zur Ruhe gekommenen Gesicht zu Tage trat, das, was die Wera und*

Oblomows taubengleiche Reinheit geschaffen hat. Und plötzlich spürte ich, dass ich diesen fremden, mir unbekannten Mann schon immer geliebt habe, mit einer reinen, selbstlosen Liebe, wie man auf Erden nur lieben kann, nicht wie einen Vater, nicht wie einen Bruder, nicht wie einen Freund, nicht einmal wie einen Lehrer, sondern wie einen Menschen, dessen Seele meiner Seele das Erhabene und Schöne eröffnet hat, weshalb er mir näher war als ein Bruder, ein Vater, Freund oder Lehrer. Er tat mir nicht leid, mir war weder traurig zumute noch überkam mich Angst vor dem Tod; im Gegenteil, ich freute mich für ihn, dass Stille und Frieden, die seine schöpferischen Triebkräfte waren, jetzt sein ganzes Wesen erfüllten […] Kindliche Reinheit, Unschuld und Ruhe ließen dieses tote Gesicht so jung und schön erscheinen, dass man die Augen nicht abwenden konnte: so still schlafen nur Kinder.«

V. B.

Anmerkungen

21 *zu den Maikows* – In Iwan Gontscharows Briefen an Jelisaweta Tolstaja spielt die Familie des Malers Nikolai Maikow (1794–1873) und seiner Frau Jewgenija Maikowa (1803 bis 1880) eine zentrale Rolle. In ihrem St. Petersburger Salon (einem der Mittelpunkte des literarischen und künstlerischen Lebens der Stadt) lernte Gontscharow Jelisaweta Tolstaja bereits 1842/1843 flüchtig kennen. Seit 1835 war er mit den Maikows bekannt. Zunächst als Repetitor der ältesten Söhne (für Rhetorik, russische Literatur und Latein) in die Familie eingeführt, um sie auf das Studium an der Universität vorzubereiten, wurde er bald ein enger Freund des Hauses. Drei der Söhne und deren Frauen, mit denen Iwan Gontscharow später ebenfalls eine enge Freundschaft verband, werden in den vorliegenden Briefen häufig erwähnt: der Dichter Apollon Maikow (1821–1897) und seine Frau Anna Maikowa (1830 bis 1911), der Beamte im Finanzministerium und Schriftsteller Wladimir Maikow (1826–1885), der im Familienkreis wegen seines bedächtigen Wesens den Spitznamen »der Alte« trug, und seine Frau Jekaterina Maikowa (1836–1920), dementsprechend »die Alte« genannt, und der spätere Literaturhistoriker Leonid Maikow (1839–1900).

21 *meine chinesischen Alben* – Ein halbes Jahr zuvor, im Februar 1855, war Gontscharow nach zweieinhalb Jahren von der Weltumseglung mit der Fregatte Pallas nach St. Petersburg zurückgekehrt, die ihn auch nach China geführt hatte.

Madame Jakubinskaja; Madame Bogdanowa – Über diese Damen aus dem Umfeld von Jelisaweta Tolstaja lässt sich nichts ermitteln. Madame Bogdanowa, die offenbar aus dem Gouvernement Simbirsk stammte, starb Anfang Oktober 1855 in Petersburg, wie aus einem Brief Gontscharows an Junija Jefremowa ersichtlich wird (siehe Anm. zu S. 45).

23 *Sind Sie eigentlich noch hier?* – Auf der Rückseite der Briefbögen skizzierte Jelisaweta Tolstaja den Entwurf eines Antwortschreibens: »Ich freue mich sehr, und ich danke Ihnen, lieber und herrlicher Freund, Sie haben bis heute meine sämtlichen Wünsche erfüllt, das Schicksal hat sich von Ihrem Beispiel anstecken und mich in Petersburg bleiben lassen, darüber sollte ich mich freuen und dankbar zeigen, aber ich bin so kühn, diese Freundlichkeit und Nachsicht zu missbrauchen – ich habe einen neuen Wunsch –, die chinesischen Alben zu sehen sowie den Sommergarten und das Krylow-Denkmal.«* Der Sommergarten, ein unter Peter I. im Zentrum von St. Petersburg angelegter Park, spielt auch im Roman »Oblomow« eine Rolle. Hier treffen sich Oblomow und Olga zu einem heimlichen Rendezvous (Dritter Teil, Kap. V). Das Denkmal für den Fabeldichter Iwan Krylow war 1855 (also im Jahr der Korrespondenz) im Sommergarten eingeweiht worden.

26. August 1855 – Dieser Brief fehlt in der Erstausgabe von 1913, er ist bisher nicht publiziert worden und wird hier nach

---

* Mit einem Sternchen gekennzeichnete Anmerkungen lehnen sich an den Kommentar zur Erstausgabe der Briefe von 1913 an.

dem Original zitiert (Standort Handschriftenabteilung des Instituts für Russische Literatur St. Petersburg – Puschkin-Haus). Er wurde mir freundlicherweise von den Mitarbeitern der Ausgabe der Gesammelten Werke und Briefe Iwan Gontscharows in 20 Bänden zur Verfügung gestellt.

23 *Jewgenija Petrowna* – Jewgenija Maikowa (siehe Anm. zu S. 21).

24 *Prozessionszeremonie* – Veranstaltet zum Gedenken an die Überführung der Reliquien des Großfürsten Alexander Newski (um 1220–1263) aus Wladimir in die neue Hauptstadt St. Petersburg, wohin sie in feierlicher Zeremonie am 30. August 1724 in die Dreifaltigkeitskirche des Alexander-Newski-Klosters in St. Petersburg gebracht wurden.

aus dem Koshewnikowschen Haus – Nach der Rückkehr von der Weltreise lebte Gontscharow am Newski Prospekt, im Haus des Eigentümers Koshewnikow (zu jener Zeit existierten keine Hausnummern, der Orientierung dienten die Namen der Hauseigentümer – heute Newski Prospekt 51). Die Fenster seiner Wohnung gingen zum Hof hinaus.

25 *verschonen Sie die Alten* – Gontscharow war zum Zeitpunkt des Briefes 43 Jahre alt.

Sommer – Diese Nachricht fehlt in der Erstausgabe von 1913. Sie ist bisher nicht publiziert worden und wird hier nach dem Original zitiert (Standort Handschriftenabteilung des Instituts für Russische Literatur St. Petersburg – Puschkin-Haus). Sie wurde mir freundlicherweise von den Mitarbeitern der Ausgabe der Gesammelten Werke und Briefe Iwan Gontscharows in 20 Bänden zur Verfügung gestellt.

Jasykow – Michail Jasykow (1810–1885), Direktor der Kaiserlichen Glaswerke in St. Petersburg. Er stand dem Kreis um die Zeitschrift »Der Zeitgenosse« (»Sowremennik«) (siehe

Anm. zu S. 28) nahe und war auch mit den Maikows und Gontscharow gut bekannt. Gontscharow war Taufpate seines Sohnes Andrej.

26 *des Möbeltischlers* – Aller Wahrscheinlichkeit nach handelt es sich um einen der zahlreichen deutschen Handwerker in St. Petersburg. Die russischen Zaren, vor allem Peter I. und Katharina II., hatten deutsche Handwerker, Kaufleute, Wissenschaftler, Architekten, Bankiers, Militärs, Künstler usw. ins Land geholt. Auch der Vater von Oblomows Freund Andrej Stolz ist Deutscher.

Mitgefühls für Madame Bogdanowa – Madame Bogdanowa war schwer erkrankt, sie starb einen Monat darauf (siehe Anm. zu S. 45).

Meine Krankheit ist hartnäckig – Gontscharow litt wegen des rauen Petersburger Klimas unter ständigen Erkältungskrankheiten und Rheumatismus, außerdem lebenslang unter Migräne, ein Leiden, das von seinen Zeitgenossen wenig ernst genommen wurde. In zahlreichen Briefen klagt er über seine Kopfschmerzen bzw. über die damit zusammenhängende Wetterfühligkeit. Dem Thema Kopfschmerzen begegnet man auch häufig im »Oblomow«.

27 *bas bleu* – Im »Oblomow« denkt Olga über ihr Leben nach: »*Was sollte bloß aus ihr werden? Doch nicht etwa ein Blaustrumpf!*« (Oblomow, München 2012, S. 691). Trotz dieser in Gontscharows Texten oder Briefen immer wiederkehrenden Schmähungen der »Blaustrümpfe« zeichnet er in seinen Werken häufig selbständig denkende und handelnde Frauen und ist seiner Zeit damit weit voraus.

28 *des »Zeitgenossen«* – Die Zeitschrift »Der Zeitgenosse« war von Alexander Puschkin 1836 gegründet worden und erschien bis 1866. Im »Zeitgenossen« veröffentlichte Gon-

tscharow als Vorabdruck seinen ersten Roman, »Eine alltägliche Geschichte« (1847) und 1849 »Oblomows Traum. Episode aus einem unvollendeten Roman«, der später als 9. Kapitel des Ersten Teils in den Roman »Oblomow« (1859) einging.

31 *»Pepinerka«* – Die Erzählung »Pepinerka« (1842) wurde zu Lebzeiten Gontscharows nicht veröffentlicht. Das Autograph ist verschollen, vermutlich hat der Autor das Manuskript wie unzählige von Briefen und anderen Archivalien vor seinem Tod verbrannt. Erstmals abgedruckt wurde der Text, der erst Ende des 20. Jahrhunderts in einer Abschrift im Archiv des Literaturhistorikers Alexander Nikitenko (1804–1877) auftauchte, 1997 im Rahmen der 20-bändigen Gesamtausgabe der Werke Gontscharows.

Das Wort »Pepinerka« leitet sich ab vom französischen »pépinière«, Baum- bzw. Pflanzschule, im übertragenen Sinne eine Bildungs- und Erziehungsanstalt. Im vorrevolutionären Russland verstand man unter einer »Pepinerka« die Schülerin eines Mädchenpensionats, die zu einer »Klassendame« ausgebildet wurde (siehe übernächste Anm.).

genau wie in meiner Erinnerung – Es lässt sich nicht mehr mit Gewissheit sagen, wer damit gemeint ist. Da Gontscharow im Text der Erzählung (die den Untertitel »Tagebuch einer Pepinerka« trägt) über den Alltag in einem Mädchenpensionat an einer Stelle aber seinen eigenen Namen erwähnt (»Iwan Alex[androwitsch] ...«), kann man von einem autobiographisch gefärbten Text ausgehen. Möglicherweise handelt es sich um Nina Tscheljajewa, eine Schülerin des Katharinen-Instituts in St. Petersburg, in die Iwan Gontscharow verliebt gewesen sei, wie aus einem Brief über die Silvesterfeier 1842/43 im Hause der Maikows hervorgeht, bei der auch die damals fünfzehnjährige Jelisaweta Tolstaja anwesend war (siehe Vorwort).

31 *Jetzt mache ich mir mehr aus Klassendamen* – Klassendamen führten die Aufsicht über das Verhalten der Institutsschülerinnen, waren auf deren sittliche Vollkommenheit bedacht, kümmerten sich um die Belange der Mädchen und lebten mit ihnen zusammen in den Pensionaten. Worauf sich diese Anspielung bezieht, lässt sich nicht mehr ermitteln.

des Neuen Dichters – Pseudonym des Schriftstellers und Literaturkritikers Iwan Panajew (1812–1862), unter dem er in der Zeitschrift »Der Zeitgenosse« monatliche Glossen schrieb.*

32 *Jekaterina Fjodorowna Posdejewa* – Eine gemeinsame Bekannte aus dem Kreis der Maikows, die Gontscharow seit Anfang der 40er Jahre kannte.

33 *Aufsatz über Japan; noch schlechter als der über Jakutsk* – »Russen in Japan Ende 1853 bis Anfang 1854« erschien zunächst 1855 im »Almanach der Seefahrt« (»Morskoi sbornik«), Nr. 9–11, gesondert in Buchform, Sankt Petersburg, 1855. Die Skizze »Aus Jakutsk« erschien 1855 im »Almanach der Seefahrt«, Nr. 6.*

34 *Lchowski* – Der Publizist und Beamte im Finanzministerium Iwan Lchowski (1829–1867) war ein enger Freund Gontscharows.

»Komma« – Diese nur den beiden verständliche Anspielung lässt sich nicht mehr entschlüsseln.

wie »jede Mütze« – Ein Alexander Puschkins »Ruslan und Ljudmila« entlehntes Zitat, das auch in der Erzählung »Pepinerka« erwähnt wird.

von starken patriotischen Anfällen heimgesucht – Während des Krimkriegs (1853–1856) standen sich Russland auf der einen und das Osmanische Reich, Frankreich, Großbritannien und ab 1855 auch Sardinien auf der anderen Seite gegenüber. Nach fast einjähriger Belagerung der Stadt Sewastopol kapitulierten die russischen Truppen am 8. September 1855 und räumten die Stadt. Am 30. März 1856 endete der Krimkrieg mit dem »Frieden von Paris«.

34 *Junija Dmitrijewna* – Junija Dmitrijewna Jefremowa – eine Nichte von Jewgenija Maikowa und enge Freundin Gontscharows.

35 *Junker-Schulen* – Als Junker bezeichnete man adlige Unteroffiziere, die auf eine militärische Laufbahn vorbereitet wurden.

36 *in Ihrem Heft* – Jelisaweta Tolstaja hatte Gontscharow ihr Tagebuch zu lesen gegeben (siehe Vorwort).

37 *in denen die Briefe in Quarantäne kommen* – Vermutlich ist gemeint, dass die Briefe den Cousin in seinem Armeequartier erreicht hätten, wo sie der Militärzensur unterlagen.

Tatjana sprach auch mit belebten ... – Über Tatjana aus Alexander Puschkins »Eugen Onegin« heißt es im 7. Buch des Poems: »*Vorm Abschied will sie Grüße tauschen, mit Blumen, Quell und Waldesrauschen ...*« (Deutsch von Theodor Commichau, Alexander Sergejewitsch Puschkin. Gedichte, Poeme, Eugen Onegin, SWA-Verlag, Berlin 1947, S. 409).

38 *Leiden und Liebe (von der ich spreche) gehören* [...] *nicht immer zusammen* – Diese Thematik wird im Roman »Oblomow« ausführlich behandelt.

Maschenka – Erzählung in Versen von Apollon Maikow.*

39 *Rubini* – Giovanni Battista Rubini (1794 oder 95–1854), ein italienischer Tenor, der bejubelte Gastspiele in St. Petersburg gab. Auch im »Oblomow« wird er erwähnt: »*Nicht einmal zu Rubini ist er gekommen*«, sagt Olga über Oblomow (Oblomow, München 2012, S. 604).

40 *Lucia* – »Lucia di Lammermoor«, Oper von Gaetano Donizetti.

Eine klitzekleine chinesische Arbeit – Von seiner Weltreise hatte Gontscharow unzählige Reiseandenken mitgebracht, die er nach seiner Rückkehr großzügig an Bekannte und Verwandte verschenkte. So schickte er im Dezember 1855 einer Bekannten (O. Odojewskaja) »*einige Chinoiserien als Beispiel chinesischer Geduld und Kunstfertigkeit*«, mit dem Hinweis: »*Einige Damen haben sich daraus Armbänder anfertigen lassen.*« Aus der Reisebeschreibung »Fregatte Pallas« erfahren wir auch, welche Souvenirs er unter anderem gekauft hatte. So heißt es z. B. aus Hongkong: »*Sooft man an Land geht, gibt man seine zehn Dollar aus. Man kauft irgendwelche Kinkerlitzchen, mal einen geschnitzten Fächer aus Elfenbein oder Sandelholz, mal ein Bildchen auf Reispapier, ein Kästchen usw.*« auch »*verschiedene Bijouterien, bald einen Fächer, bald eine geschnitzte Tasche für Visitenkarten*«. Und aus Schanghai: »*Ich erstand etwa dreißig verschiedene Figuren aus weichem, vielfarbigem Stein […], Speckstein genannt*« (Briefe von einer Weltreise, München 1990, Deutsch von Erich Müller-Kamp, S. 160; 165).

41 *Hypochonder* – Es handelt sich um die Komödie »Der Hypochonder« von Alexej Pissemski (1821–1881).*

er ist mir sehr gewogen – Im »Oblomow« heißt es über den Portier in Olgas Haus – in Bezug auf Oblomow: »*Der Portier begrüßte ihn […] immer besonders liebenswürdig*« (Oblomow, München 2012, S. 502).

mein Diener – Seinem Diener Filipp widmet Gontscharow in der Skizze »Diener aus alter Zeit« ein berührendes Porträt (IV. Kapitel, er beschreibt ihn unter dem Namen Matwej).

beim Fürsten Obolenski – Vermutlich Fürst Dmitri Obolenski (1822–1881), damals im Ministerium für Seefahrt tätig.*

42 *über die schreckliche Treppe* – Die Treppe im Eingangsbereich des Hauses (heute Newski Prospekt 51) ist sehr steil. Sie führt über 31 unmittelbar aufeinanderfolgende Stufen zum ersten Stock.

43 *Parkett, zweite Reihe* – Einige der vorderen Parkettreihen im Theater waren von den übrigen abgetrennt und (männlichen) adligen Abonnenten vorbehalten, die Damen saßen meist in den Logen.

das Pagen-Corps – Eine Militärakademie, an der der russische Hochadel seine Söhne auf künftige Karrieren in Militär und Verwaltung vorbereitete.

44 *Papirossy* – Filterlose Zigaretten mit Pappmundstück, die damals eine Neuheit waren und allmählich den Schnupftabak ablösten (die ersten Papirossy wurden in Russland 1844 hergestellt). Das Rauchen von Papirossy galt als chic. Wenn eine Dame Papirossy rauchte, so demonstrierte sie damit, wie emanzipiert sie war.

denn ich rauche nicht – D. h. keine Zigaretten, Gontscharow rauchte Zigarren.

45 *auf die Suche nach der »Demi-monde« begeben* – Das Wortspiel bezieht sich auf das Theaterstück von Alexandre Dumas fils (1824–1895), »Le demi-monde« (»Die Halbwelt«), das in der Saison 1855–56 im Petersburger Michailow-Theater erstmals aufgeführt wurde.*

Anfang Oktober – Vom 3. Oktober 1855 datiert ein Brief Gontscharows an seine Bekannte Junija Jefremowa, der veranschaulicht, wie sehr sich Gontscharow um Jelisaweta Tolstaja bemühte und ihr auch bei zahlreichen Problemen des Alltags zur Seite stand:

»*Vorgestern starb jene Dame, mit der J. W. Tolstaja hierhergekommen ist* [es handelt sich um Madame Bogdanowa, von der in den Briefen immer wieder die Rede war – V. B.]. *Vor ihrem Tode bat sie darum, ihren Leichnam auf ihr Gut zu überführen; ins Gouvernement Simbirsk. Sie haben damit nicht das Geringste zu tun und ich auch nicht, aber die Schwester jener Dame, Madame Polosowa, vor allem aber Jelisaweta Wassiljewna, wandten sich mit der Bitte an mich, Folgendes in der Eisenbahndirektion in Erfahrung zu bringen:*

1. Ist für den Leichnam ein besonderer Waggon nötig und was würde er kosten? und

2. Wäre es möglich, zusammen mit dem Sarg zwei Diener der Verstorbenen und ihre Sachen zu befördern? (Ihnen wurde gesagt, dies sei wohl kaum möglich.)

Ich habe Jelisaweta Wassiljewna geantwortet, dass ich nichts darüber sagen kann, Sie aber bitten werde, freundlicherweise über Alexander Pawlowitsch [Junija Jefremowas Mann, der bei der Eisenbahn beschäftigt war – V. B.] *Erkundungen darüber einzuziehen oder bei P. P. Sujew, und ihr versichert, Sie würden auch ein Wort dafür einlegen, dass man alles Menschenmögliche unternähme, zum Beispiel, dass man die Diener zusammen mit dem Sarg unterbrächte usw. Man wünscht, dass es möglichst kostengünstig vonstattengeht. Jelisaweta Wassiljewna wagt nicht, Sie darum zu bitten, und sagt, Sie fühle sich nicht berechtigt, Sie zu belästigen usw. Ich habe ihr versichert, dass Sie Ihr Möglichstes tun werden, nicht für sie und auch nicht für mich, sondern um der Sache selbst willen, weil Sie ihrer angeborenen Güte wegen nicht anders könnten.*

Wäre es denkbar, dass Sie hinsichtlich all dieser Dinge mit Hilfe von Alexander Pawlowitsch Erkundungen einziehen und ihn bitten, mit Pjotr Pawlowitsch zu sprechen? Ich werde heute Abend wegen der Antwort zu Ihnen kommen oder morgen früh jemanden vorbeischicken. Der Leichnam soll am Mittwoch überführt werden.

Bitte verzeihen Sie, dass ich Sie belästige, aber die Damen sind aufgeregt, können nicht schlafen und wissen nicht, was tun. Heute wird sich ein Verwandter ihrer annehmen, der Mann von Madame Polosowa.

Auf Wiedersehen,
Ihr Gontscharow

Den Arzt hatte man übrigens auf meine Empfehlung kommen lassen, und die Verstorbene gedachte vor ihrem Tode meiner anscheinend im Bösen: ›Was für einen Arzt hat er mir denn empfohlen‹, sagte sie.«

45 *Ich weiß nicht, von welchem glücklichen Vorzeichen die Handschuhe künden* – Im »Oblomow« wird eine Szene beschrieben, in der Olga nach einem heimlichen Besuch in Oblomows Wohnung ebenfalls einen ihrer Handschuhe vergessen hat: *»Plötzlich erstrahlten seine Augen: auf dem Boden, neben dem Stuhl, sah er einen winzigen Handschuh. ›Ein Pfand! Ihre Hand: das ist ein Vorzeichen! Oh! …‹, stöhnte er leidenschaftlich und presste den Handschuh gegen die Lippen«* (Oblomow, München 2012, S. 531).

Zugfahrplan – Zwischen St. Petersburg und Zarskoje Selo (heute Puschkin), der Sommerresidenz der Zaren, verkehrte seit 1837 die erste Eisenbahnstrecke Russlands mit einer Länge von 27 km.

46 *Korrekturabzüge von »Manila«* – Einzelne Kapitel der Reisebeschreibung, die später in das Buch »Fregatte Pallas« eingingen, wurden in Zeitschriften vorabgedruckt, so auch der Text über »Manila« in den »Vaterländischen Annalen«, 1855, Nr. 10 und unter dem Titel »Aufzeichnungen auf dem Weg von Manila zu den Ufern Sibiriens« im »Almanach der Seefahrt«, 1855, Nr. 5.*

46 *Ihrer Cousine* – Dem Kontext nach zu urteilen handelt es sich wahrscheinlich um die Schwester des späteren Bräutigams von Jelisaweta Tolstaja.

des Magnetismus Ihrer Augen und der Vibration Ihrer Stimme – Anspielung auf den damals populären »Mesmerismus« (auch »animalischer Magnetismus«), nach dem deutschen Arzt Franz Anton Mesmer (1734–1815), der davon ausging, dass dem Menschen innewohnende magnetische Kräfte eine heilende, stimulierende Wirkung haben können. Im englischen Sprachgebrauch wird »to mesmerize« bis heute für »faszinieren, verzaubern, fesseln, hypnotisieren« gebraucht.

47 *So will ich lieber nicht am Verstand leiden* – Anspielung auf die Komödie »Verstand schafft Leiden« von Alexander Gribojedow (1795–1829).

einige »Notizen des Vaterlands« – Scherzhaft für die Zeitschrift »Otetschestwennyje sapisi« – Notizen des Vaterlands; in deutscher Übersetzung meist »Vaterländische Annalen« genannt.

»Die Liu-Kiu-Inseln« – Der Text »Die Liu-Kiu-Inseln« ging später in Gontscharows Band »Fregatte Pallas« ein, Erstdruck in den »Vaterländischen Annalen«, 1855, Bd. 4.*

48 *bei Lewizki* – Sergej Lewizki (1819–1898), Cousin des Schriftstellers Alexander Herzens. Einer der Wegbereiter der künstlerischen Fotografie in Russland. Zunächst Tätigkeit als Jurist im Petersburger Innenministerium, quittierte 1844 den Dienst, ging nach Paris und hörte an der Sorbonne Vorlesungen zur Chemie und Physik und ließ sich u. a. bei Louis Daguerre in der Technik der Fotografie (Daguerreotypie) ausbilden. Nach Russland zurückgekehrt, eröffnete er 1849 auf dem Newski Prospekt in Petersburg sein Fotoatelier (später an der Moika Nr. 30 und schließlich wieder auf dem Newski Prospekt 28).

48 *hier ist nicht Manila* – Anspielung auf die Weltreise, während der Gontscharow auch in Manila Station machte.

Dies Herz, das heiß und treu geliebt – Arie aus der Oper »Lucia di Lammermoor« von Gaetano Donizetti* (siehe auch Anm. zu S. 85).

»Almanach der Seefahrt« – »Morskoi sbornik«, seit 1848 (bis heute) monatlich erscheinende Zeitschrift zur militärischen Seefahrtthematik, herausgegeben vom Ministerium für Seefahrt.

zu Butz – Der Juwelier Friedrich (Fjodor) Butz besaß ein mondänes Geschäft in Petersburg und war Hoflieferant.

Krajewski – Andrej Krajewski (1810–1889) – Herausgeber der Literaturzeitschrift »Vaterländische Annalen«.

49 *dem Alten* – Spitzname des 1855 29-jährigen Wladimir Maikow (siehe Anm. zu S. 21).

50 *nach Ihrer Abreise* – Am 15. Oktober schreibt Gontscharow an die befreundete Junija Jefremowna: »*Gestern erfuhr ich, dass Jelisaweta Wassiljewna heute Morgen abreisen wird: Jewgenija Petrowna und die Alte* [Jekaterina Maikowa – siehe Anm. zu S. 21] *wollen sie zum Bahnhof bringen. Ich werde wohl auch kommen. Gestern habe ich sie zu den Maikows begleitet: sie hatte die Idee, Sie abzuholen, umso mehr als wir in einer viersitzigen Kutsche fuhren, aber es war schon acht Uhr, als sie auf diesen Gedanken kam. Bis dahin war sie die ganze Zeit mit dem Packen beschäftigt.*

Ich hoffe, Sie am Bahnhof zu sehen.

Ihr Gontscharow

Offenbar reiste Jelisaweta Tolstaja erst am 18. Oktober aus Petersburg ab – wie »Pour et contre« zu entnehmen (siehe S. 72).

Saloppe – Eine Art Cape mit Kapuze.

51 *etwas Niederträchtigeres hat die Welt noch nicht gesehen* – In einem Brief, den Gontscharow Junija Jefremowa am 22. Oktober 1855 in dieser Angelegenheit schickte, gebrauchet er fast dieselben Worte:

»Jene Dame, bei der Madame Jakubinskaja gewohnt hat, sandte mir die Saloppe von Jelisaweta Wassiljewna, und zwar heute, nicht gestern. Ich habe sie gleich heute früh an Sobolewski weitergeschickt, er aber antwortete, er hätte ›viel zu viele Sachen‹ und könne sie nicht mitnehmen. ›Hätten Sie sie gestern geschickt ...‹ Etwas Niederträchtigeres kann ich mir wirklich nicht vorstellen. Ich glaube, Sie könnten diesem Übel durch die Bekanntschaft zwischen Alexander Pawlowitsch [ihrem Mann – V. B.] *und den Offizieren abhelfen und Jelisaweta Wassiljewna einen großen Dienst erweisen, wenn Sie sie gleich morgen abschicken und darum bitten, dass sie dann vom Bahnhof an jene Adresse gebracht wird, die ich beifüge. Gestern habe ich gehört, dass der Offizier (der magere mit dem rötlichen Schnurrbart)* [...]*, als die Rede auf die Saloppe kam, sagte: ›Warum nicht, ich kann sie mitnehmen.‹ Es wäre schön, wenn Alexander Pawlowitsch ihn daran erinnerte und beim Wort nähme, so dass die Saloppe morgen abgeschickt werden kann, damit sie sie am Freitag bekommt.*

Ich lasse Ihnen die Saloppe und fünf kleine Bücher vorbeibringen, die ihr ebenfalls gehören, außerdem noch einen Kissenbezug, den man mir heute aus dem Olsufjewschen Hause sandte, wo Sobolewski wohnt. Sollte es aber unmöglich sein, die Saloppe abzuschicken, so behalten Sie sie bitte vorläufig bei sich (bei mir wird sie möglicherweise gestohlen) und schicken Sie sie dann den Maikows, die sie jenem Offizier mitgeben werden, der die Porträts und anderes von ihnen befördern wird [...] *Auf Wiedersehen. Ihr Gontscharow.«*
Féval-Bücher – Paul Henry Corentin Féval (1816–1887), damals populärer Romanautor.*

51 *Hostie* – siehe auch in »Pour et contre« (S. 73): »*Du hast die Freundschaft doch selbst mit einer Hostie verglichen: sie einfach so zu essen, dazu ist sie zu trocken, zur Suppe, das gehört sich nicht, morgens zum Tee ist sie vertrocknet, und noch dazu ist sie heilig! Das ist nur recht und billig …*« – Offenbar ein zwischen beiden vereinbartes Gleichnis.

Er hat sich […] ihres Porträts bemächtigt – Gemeint ist der spätere Bräutigam Alexander Mussin-Puschkin.

in der von Nikolai Apollonowitsch gewünschten Pose – Für das bei Nikolai Maikow bestellte Porträt (das wir auf der S. 22 abdrucken) wurde beim Fotografen Sergej Lewizki als Vorlage eine fotografische Aufnahme in Auftrag gegeben, da wegen Jelisaweta Tolstajas Abreise aus Petersburg für das Modellsitzen keine Zeit blieb. Das Gemälde hat in den Wirren des 20. Jahrhunderts eine abenteuerliche Odyssee hinter sich. Die Familie zerstreute sich nach der Revolution von 1917 in alle Winde, ein Zweig der Mussin-Puschkins floh nach China und emigrierte später nach Frankreich. Das Porträt galt als verloren, tauchte aber in den 1950er Jahren in einem Antiquariat am Moskauer Arbat wieder auf, wo es von einer Enkelin des Bruders der Porträtierten, Jekaterina Wojejkowa (1887–1965), die 1954 aus Schanghai nach Moskau zurückgekehrt war, entdeckt wurde. In einem Brief an ihre Tochter Olga Laylle, die heute in Frankreich lebt, schreibt sie nach Paris: »*Jetzt schaut sie mich aus ihrem ovalen Porträt an und scheint mir dafür zu danken, dass ich sie aus der Kommissionka am Arbat gerettet habe.*«

53 *bei N.* – Vermutlich Nikolai Nekrassow (1821–1877), russischer Dichter und Publizist, Herausgeber der Literaturzeitschrift »Der Zeitgenosse«.*

»*Dante-Imitation*« – Das Poem in vier Gesängen, »Podrashanije Dantu«, erschien, von der Zensur stark gekürzt, 1859 unter dem Titel »Sny« – Träume. Im Dezember 1855 schrieb Apollon Maikow seinem Freund Michail Sabolozki-Desjatowski, er hätte das Poem abgeschlossen und werde nun entweder überhaupt nichts mehr schreiben oder nichts, das »*politische Anschauungen*« enthält. »*Dieses Stück wird nicht gedruckt werden, obwohl es sorgfältiger gearbeitet ist als alles, was ich je geschrieben habe.*«

54 *Turgenjew* – Mit dem Schriftsteller Iwan Turgenjew (1818 bis 1883) verband Gontscharow eine kollegiale Freundschaft, die allerdings zerbrach, als Gontscharow Turgenjew 1860 des Plagiats bezichtigte und ihm vorwarf, dieser habe für seine Werke »Dworjanskoje gnesdo« (dt. »Das Adelsnest«) und »Nakanune« (dt. »Am Vorabend«) Motive des ihm von Gontscharow in Gesprächen anvertrauten Konzepts seines Romans »Obryw« (dt. »Die Schlucht«) verwendet, an dem Gontscharow zu jener Zeit arbeitete. Der Konflikt kulminierte 1860 und wurde durch ein Ehrengericht beigelegt, das die Plagiats-Beschuldigung entkräftete und feststellte, die Übereinstimmungen seien auf die zeittypische Problematik zurückzuführen.

Langobarden – »Die Langobarden auf dem ersten Kreuzzug«, Oper von Guiseppe Verdi (1843).

Apollon und Anna Iwanowna – Der Dichter Apollon Maikow (siehe Anm. zu S. 21) und seine Frau.

dem komischen Kauz – Der spätere Bräutigam Jelisaweta Tolstajas, Mussin-Puschkin.

56 *Des choses les plus sûres* – Der Philosoph François de la Mothe le Vayer (1588–1672) bezeichnete den Zweifel als das einzig Sichere (sinngemäß – auch die sichersten Dinge sollte man besser in Zweifel ziehen). Das vollständige Zitat lautet: »*Des choses les plus sûres la plus sûre est de douter.*«

57 *Besonders gern würde ich jene Tränen sehen* – Im »Oblomow« findet sich ein Widerhall dieser Gedanken: »*Da ist sie ... Aber was ist das? sie weint! Mein Gott!* Olga ging langsam und trocknete sich mit dem Taschentuch die Tränen; kaum aber hatte sie sie getrocknet, quollen schon neue hervor. Sie schämte sich, schluckte sie hinunter, wollte sie sogar vor den Bäumen verbergen, doch sie konnte es nicht. Oblomow hatte Olga noch nie weinen sehen; das hatte er nicht erwartet, die Tränen verbrannten ihn gleichsam, aber ihm wurde nicht heiß davon, sondern warm ums Herz«* (Oblomow, München 2012, S. 383).

58 *es handelt sich nicht um jenen Roman* – Die Arbeit am Roman »Oblomow« wurde erst vier Jahre später abgeschlossen, er erschien 1859.

59 *heute, am 24.* – Der Brief trägt das Datum des 25. Oktober, es könnte sich um einen Abschreibfehler handeln, der sich aber nicht mehr zurückverfolgen lässt, da die Originalbriefe verschollen sind.

60 *mein Titel* – Im Februar 1855 war Gontscharow zum Hofrat befördert worden, in der »Rangtabelle«, die in Russland die oberen Laufbahnen in der Staatsverwaltung und bei Hofe sowie die Offizierslaufbahnen in 14 Rangklassen gliederte, der 7. Rang. Im Juli desselben Jahres wurde er zum Kollegienrat befördert (6. Rang).
Stepan Semjonowitsch – Stepan Dudyschkin (1820–1866), Journalist, Schriftsteller, Literaturkritiker.*

61 *Michailow* – Pawel Michailow (? –1856), Sänger, Schüler des Komponisten Michail Glinka.*
die Alte – Spitzname von Jekaterina Maikowa (1836–1920), der Frau von Wladimir Maikow, dem »Alten« (siehe Anm. zu S. 21 und Nachwort).

61 *Mir lag schon ein Kalauer auf der Zunge* – Bei diesem Kalauer handelt es sich um ein Wortspiel – »*tschto ja otolstel sowsem*« –, das unübersetzbar ist. Es spielt mit dem russischen Wort tolstoi (dick) und zugleich mit dem Namen Tolstoi bzw. seiner weiblichen Form Tolstaja – sinngemäß, sowohl: *dass ich an nichts anderes mehr denke, als an Fräulein Tolstaja*, als auch: *dass ich ganz und gar dick geworden bin.*

Konstantin Apollonowitsch – Konstantin Maikow (1811–1891), der Bruder des Malers Nikolai Maikow (siehe Anm. zu S. 21).

62 *Benediktow* – Wladimir Benediktow (1807–1873), Dichter und Übersetzer, u.a. von Werken von Goethe, Schiller, Byron, Shakespeare, Hugo.*

Kladbischtschew – Der Name leitet sich her von Friedhof (russ. kladbischtsche) und ist ironisch auf Jelisaweta Tolstajas »Freund aus Kindertagen«, ihren späteren Bräutigam und Ehemann Alexander Mussin-Puschkin gemünzt [in »Pour et contre« wird er Mertwezow genannt, abgeleitet von russ. mertwez – der Tote].

66 *Freund Ihrer Kindertage* – Gemeint ist Alexander Mussin-Puschkin.

67 *Lisa* – Kurzform von Jelisaweta.

dass man in der Kindheit zusammen Unfug treiben […] *kann* – Im »Oblomow« findet sich eine Passage, in der es heißt: »*Ein Cousin, der sie noch unlängst als junges Mädchen verlassen hat, wird fröhlich auf sie zulaufen, wenn er sie, nun mit Epauletten auf der Schulter, nach Abschluss seiner Ausbildung wiedersieht, wird ihr, wie früher, einen Klaps* […] *geben, sie an den Armen herumwirbeln, mit ihr über Stühle und Diwane springen wollen … und plötzlich, nach einem aufmerksamen Blick in ihr Gesicht, schüchtern und verlegen beiseitetreten und begreifen, dass er selber noch ein Junge ist, sie aber schon eine Frau!«* (Oblomow, München 2012, S. 340 f.)

69 *nicht aber 100 Werst* – Von Moskau bis zum Landgut der Familie Tolstoi in Swenigorod waren es ca. 70 km (siehe auch Anm. zu S. 104).

70 *Stakenschneider* – Der Architekt Andrej Stakenschneider (1802–1865) entstammte einer im achtzehnten Jahrhundert aus Brauschweig eingewanderten Familie. Er projektierte zahlreiche Gebäude u. a. in Petersburg, Zarskoje Selo, Peterhof, Moskau, Taganrog und auf der Krim.

Tepljakow – Über Alexej Tepljakow läßt sich nichts ermitteln, er sei ein »russischer Belletrist« gewesen, heißt es in der russischen Ausgabe der Briefe von 1913.*

71 *Pour et contre* – Diese als »Kapitel aus einem Roman« kaschierte Liebeserklärung schickte Gontscharow in zwei Teilen an Jelisaweta Tolstaja, ohne dass er darauf je eine Reaktion erhalten hätte. Er legte sie jeweils zwei Briefen im Oktober und November 1855 bei, welchen genau, lässt sich nicht mehr mit Sicherheit feststellen.

73 *Mertwezow* – Mertwez – der Tote, so nennt Gontscharow ironisch den »*Freund aus Kindertagen*«, den späteren Ehemann von Jelisaweta Tolstaja, Alexander Mussin-Puschkin, wahlweise nennt er ihn auch noch Kladbischtschew, abgeleitet von russ. kladbischtsche – »Friedhof« bzw. an anderer Stelle »der Geist«.

Hypochonder – Unter Hypochondrie verstand man im 19. Jahrhundert im Gegensatz zu heute u. a. Schwermut.

75 *sie wäre eine perfekte Ehefrau geworden, vielleicht das Ideal der Ehefrau* – Jelisaweta Tolstaja war 28 Jahre alt und unverheiratet, als sie Gontscharow 1855 begegnete. Im »Oblomow« entwirft Gontscharow sein Bild einer idealen

Ehefrau in der Gestalt von Olga (im Vierten Teil des Romans).

77 *wie Gogols Pljuschkin* – Pljuschkin, eine sprichwörtlich gewordene Gestalt aus Nikolai Gogols Poem »Tote Seelen« (Erster Teil, 6. Kapitel).

78 *ein beschauliches Leben zu führen* – Im »Oblomow« malt sich der Titelheld an zahlreichen Stellen ausführlich dieses »beschauliche« Lebensideal aus.

80 *angesichts dieses Strebens nach Vervollkommnung* – Dieses Thema wird im »Oblomow« anhand der Gestalt der Olga entwickelt, insbesondere nach ihrer Heirat mit Andrej Stolz.

82 *Ich glaube, ich muss zuerst die Frau in ihr vergessen* – Im »Oblomow« heißt es in ähnlichem Kontext: eine »*Freundschaft zwischen Männern und Frauen gibt es nicht.*« (Oblomow, München 2012, S. 328). Bereits 1843 hatte Gontscharow in einem Brief an Jewgenija Maikowa wörtlich diese Formulierung gebraucht.

85 *Dies Herz, das heiß und treu geliebt* – Arie aus der Oper »Lucia de Lammermoor« von Gaetano Donizetti. Dort heißt es:
»*Dies Herz, das heiß und treu geliebt,*
Bald wird es nicht mehr schlagen,
Und ohne Klage, still und stumm
Wird man's zu Grabe tragen!
Mein Tod wird wie mein Leben sein,
Kein Auge weint um mich.
Auch du, die einst mir alles war,
Wirst meiner kaum gedenken,
Doch solltest einst die Schritte du
Nach meinem Grabe lenken,
So denk, hier ruht ein treues Herz,
Es litt und brach für dich!«

86 *Briefe aus Kleinasien* – Lässt sich nicht mehr ermitteln.

La donna è mobile – Canzone des Herzogs von Mantua aus dem dritten Akt von Giuseppe Verdis Oper »Rigoletto« – deutsch: »O wie so trügerisch sind Weiberherzen«.

87 *Das ist der Teufel, der mich in Versuchung geführt hat* – Im »Oblomow« schlagen sich ähnliche Gedanken in einem inneren Monolog Oblomows über seine Liebe zu Olga nieder: *»Und wer bin ich? Oblomow – weiter nichts […], das ist eine satanische Einflüsterung meiner Selbstsucht!«* (Oblomow, München 2012, S. 328).

Der Herrgott möge auferstehen, und Seine Feinde mögen weichen – Mit diesem Gebet *(»Da woskresnet Bog i rastotschatsja wrasi Jewo«)* bitten russisch-orthodoxe Christen um Gottes Beistand und bannen böse Geister. Auch Bestandteil der Osterliturgie.

88 *Manila-Zigarre* – In der Beschreibung seiner Weltreise »Fregatte Pallas« berichtet Gontscharow ausführlich über die Besichtigung einer Zigarrenfabrik in Manila im Jahr zuvor (1854) und davon, dass er dort einen Vorrat von 3000 Zigarren erworben habe.

denke an »Maschenka« – In »Maschenka«, einer Erzählung in Versen (1846) von Apollon Maikow ist der Held, Maschenkas Verführer, ein Kavallerieoffizier und Muttersöhnchen.*

90 *der Geist* – Siehe Anm. zu S. 62 (Kladbischtschew) und zu S. 64 (Mertwezow).

93 *es war nicht Jewgenija Petrownas Empfangstag* – Die Maikows (senior) veranstalteten ihren jour fixe an jedem zweiten Sonntag. Wie Zeitgenossen berichten, führten sie ein offenes Haus, fast täglich gingen Freunde und Bekannte ein und aus.

93 *Leonid* – Leonid Maikow, der damals sechzehnjährige Sohn der Maikows, im Familienkreis auch Burka genannt.

94 *er lag noch im Ministerium* – Im Finanzministerium, wo Gontscharow damals arbeitete.

100 *in die »Puritaner« gehen* – »Die Puritaner« oder »Die Puritaner von Schottland«, Oper von Vincenzo Bellini (1801–1835).

101 *einen kleinen Auszug aus dem Roman für Sie aufzuschreiben* – Eine Fortsetzung von »Pour et contre«.

102 *die Nachricht, dass mein Buch schon gedruckt ist* – Gemeint ist »Russen in Japan«, erschien als Vorabdruck im »Almanach der Seefahrt«, 1855, Bd. 9–11.*

103 *mit den Worten Byrons* – »Fare Thee Well« von George Gordon Noel Lord Byron (1788–1824).

104 *der Admiral* – Admiral Jefimi Putjatin (1803–1883).
fahren durch Moskau, leben auf dem Land – Jelisaweta Tolstaja lebte abwechselnd in Moskau und auf dem Landgut der Familie in Swenigorod, ca. 70 km westlich von Moskau.

111 *beim Akademiepräsidenten, […] beim Grafen Tolstoi* – Der Vizepräsident der Akademie der Künste, Graf Fjodor Tolstoi (1783–1873), Maler, Bildhauer, Vertreter des Klassizismus.*

112 *beim Grafen Tolstoi arrangiert* – Es könnte sich um Graf Dmitri Tolstoi (1823–1889) handeln, seit 1853 Kanzleidirektor des Ministeriums für Seefahrt.*

113 *Nikolajew* – Ein russischer Flottenstützpunkt (heute in der Ukraine). Bis 1898 befand sich dort die Admiralität, d. h., die höchste Kommandobehörde der Marine.
eine Nachricht vom Großfürsten Konstantin Nikolajewitsch – Großfürst Konstantin Nikolajewitsch Romanow (1827 bis 1892), zweiter Sohn des Zaren Nikolai I. und Bruder des späteren Zaren Alexander II., Oberbefehlshaber der Flotte und

des Ministeriums für Seefahrt (ihm unterstand auch der »Almanach der Seefahrt«). Jahre später (1873) wird Gontscharow auf Wunsch des Großfürsten Konstantin Nikolajewitsch Privatlehrer seiner Kinder, sein Sohn Konstantin Konstantinowitsch (1858-1915) wird Gontscharow bis zu dessen Tod verbunden bleiben.

113 *Das ist wertvoller als jeder Ring* – (russ.) persten; Fingerring mit Edelsteinen. Beamten wurden derartige kostbare Ringe für besondere Verdienste verliehen. Im Mai 1858 war Gontscharow vom Großfürsten Konstantin Nikolajewitsch ein solcher brillantbesetzter Goldring für seine Verdienste während der Zeit als Sekretär des Admirals Putjatin auf der Fregatte Pallas verliehen worden. Jahre später (1888) wird Gontscharow den Töchtern seines verstorbenen Dieners Ludwig Treugut, Jelena und Alexandra, zu Weihnachten aus je acht Brillanten dieses Rings Ohrringe anfertigen lassen, zum Andenken an den »*sie sehr liebenden Alten*« (siehe auch Nachwort).

114 *ein wenig mehr freie Zeit für meine literarischen Arbeiten haben werde* – Seit dem Vorabdruck eines Kapitels aus dem geplanten Roman »Oblomow« unter dem Titel »Oblomows Traum. Episode aus einem unvollendeten Roman« im März 1849 stockte die Arbeit am Manuskript.

117 *ich will einiges für meinen Reisebericht daraus entnehmen* – In das Buch »Fregatte Pallas« flossen auch zahlreiche der Briefe ein, die Gontscharow während der Weltreise an seine Freunde geschrieben hatte.

120 *Klassendame* – Siehe Anm. zu S. 31.

Katharinen-Institut – Das Jekaterinski Institut (Katharinen-Institut), eine 1798 gegründete Lehranstalt (Pensionat) für adlige Töchter, mit dem Ziel, die Zöglinge auf ihre Rolle als gute Hausfrauen und Mütter vorzubereiten. Später wurden hier auch Berufsausbildungen als Gouvernanten und Hauslehrerinnen angeboten.

121 *das Angebot, in seiner Behörde zu arbeiten* – Es handelt sich um die Stelle des Oberzensors für russische Literatur, die Gontscharow im Februar 1856 antrat. In Petersburg befand sich die zentrale Zensurbehörde (weitere Zensurkomitees gab es in Moskau und anderen Städten).

größere Wohnung suchen, Möbel kaufen und umziehen muss – Im »Oblomow« wird das Thema eines drohenden Umzugs und der damit verbundenen Scherereien ausführlich behandelt. Gontscharow zog in die Mochowaja uliza, ins Haus von M. Ustinow (heute Mochowaja uliza Nr. 3), wo er bis zu seinem Tod wohnte.

hätte den Roman beendet – Den Roman »Oblomow«.

122 *meine Adresse ist vorerst dieselbe* – Bis 1856 wohnte Gontscharow am Newski Prospekt, heute Nr. 51 (siehe auch Anm. zu S. 24).

123 *wo ich die Alte über einem Brief an Sie antraf* – In diesem von Gontscharow erwähnten Brief »der Alten«, d. h. von Jekaterina Maikowa, an Jelisaweta Tolstaja (vom 25. Dezember 1855), heißt es u. a.: »[...] *Es ist, als seien Sie erst gestern von uns abgereist, dazu trägt ganz wesentlich Ihr Porträt bei, das unsere Aufmerksamkeit so oft auf sich zieht. Manchmal erlauben wir uns sogar, Diskussionen über Sie zu führen, besonders wenn es darum geht, jemanden, den Papa den Verliebten nennt, mit Ihrer Abwesenheit und Ihrem Schweigen aufzuziehen.* [...] *Als ich diesen Brief gerade begonnen hatte, kamen Solonizyn, Iwan Alexandrowitsch* [Gontscharow – V. B.] *und Lchowski zu uns,* [...] *Iwan Alexandrowitsch will unbedingt, dass ich ihm zeige, was ich schreibe und bittet mich, eine Seite freizulassen, damit er etwas dazuschreiben kann. Der Großfürst hat für den Admiral, mit*

dem Iwan Alexandrowitsch auf Reisen war, als Auszeichnung einen Grafentitel erwirkt und für Iwan Alexandrowitsch den Rang eines Staatsrats. […] Der Minister für Volksbildung hat ihm auch den Posten des Oberzensors für russische Bücher angeboten, außerdem bekam er eine Einladung der Großfürstin Jelena Pawlowna zu ihren Donnerstagsgesellschaften: er war am Donnerstag da, sie aber hatte Zahnschmerzen und konnte nicht zu ihren Gästen hinauskommen, am nächsten Tag schickte er zur Fürstin Odojewskaja, über die er die Einladung erhalten hatte, er sei krank, wofür wir ihn alle ausgeschimpft haben. Doch nichts wirkt auf ihn, schimpfen Sie ihn doch bitte aus; Sie scheinen noch Macht über ihn haben, denn er hat so lebhaft von Ihnen gesprochen und die Augen nicht von Ihrem Porträt gewendet; jetzt spricht er allerdings seltener von Ihnen; ungeduldiger als wir alle hat er auf Briefe von Ihnen gewartet, doch Ihr langes Schweigen hat ihn offenbar etwas abgekühlt […]«

Der Titel »Staatsrat« entsprach dem 5. Rang in der »Rangtabelle«. Um diesen Titel verliehen zu bekommen, mussten 5 Dienstjahre seit der letzten Beförderung vergangen sein. Da Gontscharow erst im Juli desselben Jahres zum Kollegienrat befördert worden war, handelt es sich hierbei um eine außergewöhnliche Geste des Hofes. Die vorgeschriebene offizielle Anredeform für Staatsräte lautete: Euer Hochgeboren.

124 *mich für zwei Jahre an die Wolga zurückzuziehen* – Das heißt in seine Heimat, Simbirsk (heute Uljanowsk), wo seine Schwestern Alexandra Kirmalowa (1815–1896) und Anna Musalewskaja (1818–1898) mit ihren Familien auf dem Lande lebten. Erst im Sommer 1862 fährt Gontscharow für zwei Monate an die Wolga, um im Haus seiner Schwester Anna an seinem neuen Roman zu arbeiten (siehe nächste Anm.).

124 *meine alten literarischen Aufgaben* – Neben der Arbeit am Roman »Oblomow« trug sich Gontscharow bereits seit 1849 mit der Idee für einen weiteren Roman, »Obryw«, in deutscher Fassung »Die Schlucht«, der nach zwanzigjähriger Vorarbeit 1869 als Vorabdruck in einer Zeitschrift und 1870 in Buchform erschien. Dieser Roman bildete den Abschluss seiner Trilogie: »Obyknowennaja istorija« – »Oblomow« – »Obryw« (»Eine alltägliche Geschichte« – »Oblomow« – »Die Schlucht«). In seinem Essay »Lutsche posdno, tschem nikogda« (»Besser spät als nie«) schreibt Gontscharow 1879: *»Für mich* […] *sind es nicht drei Romane, sondern einer. Alle drei sind durch einen roten Faden, durch eine folgerichtige Idee miteinander verbunden – den Übergang aus einer Epoche des russischen Lebens, die ich erlebte, in eine andere.«*

126 *für die Übersetzung verbürge ich mich* – Die Antwortbriefe von Jelisaweta Tolstaja sind nicht erhalten, sie schrieb offenbar (teilweise) in Französisch.

128 *Russen in Japan* – siehe Anm. zu S. 33.

129 *Der Brief ist allzu lang geworden* – Im »Oblomow« heißt es aus ähnlichem Anlass: *»Oblomow schrieb voller Begeisterung; die Feder flog nur so über die Seiten. Seine Augen strahlten, die Wangen brannten. Der Brief war lang geworden, wie alle Liebesbriefe: Liebende sind schrecklich redselig. ›Seltsam! Mir ist gar nicht mehr traurig zumute, auch nicht schwer ums Herz!‹ dachte er. ›Ich bin beinahe glücklich … Wie kommt das? Vermutlich daher, dass ich die Last von meiner Seele in den Brief abgewälzt habe«* (Oblomow, München 2012, S. 379).

130 *Sie fragen nach dem Roman* – »Oblomow« erschien erst 1859.

131 *in Grjas* – Das Dorf (Landgut) Grjas (auch Werchnjaja Grjas, Werchogrjase oder Tschornaja Grjas) befand sich 5 km von Swenigorod entfernt (siehe u. a. Anm. zu S. 104) und gehörte

dem Onkel Jelisaweta Tolstajas, Nikolai Tolstoi. Vermutlich hielt sie sich zu jenem Zeitpunkt dort bei ihren Verwandten auf.

132 *das Buch von Turgenjew* – »Sapiski ochotnika« (dt. »Aufzeichnungen eines Jägers«).

133 *»Lesebibliothek«* – »Biblioteka dlja tschtenija«, eine Zeitschrift, die zu den Themen Literatur, Wissenschaften, Künste, Industrie, Mode usw. publizierte und von 1834-1865 monatlich in St. Petersburg erschien.

Ikonen zur Verlobung des Großfürsten Nikolai Nikolajewitsch – Großfürst Nikolai Nikolajewitsch (1831–1891) war der dritte Sohn von Zar Nikolai I. Er heiratete im Januar 1856 die Oldenburgische Prinzessin Alexandra Friederike-Wilhelmine (1838–1900), die nach ihrem Übertritt zum russisch-orthodoxen Glauben den Namen Alexandra Petrowna annahm. Zur Verlobung bzw. bei der Hochzeitszeremonie wird das Paar mit den Ikonen ihrer Schutzheiligen gesegnet, im Falle des Großfürsten war das die Ikone des heiligen Nikolaus des Wundertäters – Nikolai Tschudotworez.

Burka – Der Kosename von Leonid Maikow, der zum Zeitpunkt der Korrespondenz 16 Jahre alt war.

»Moses« von Rossini – »Moses in Ägypten« von Gioachino Rossini (1792–1868).*

Potechin – Alexej Potechin (1829–1908), russischer Dramatiker und Romanautor; gemeint ist das Theaterstück »Unrecht Gut gedeihet nicht«.*

Martynow – Alexander Martynow (1816–1860), russischer Schauspieler.

134 *»Aufzeichnungen eines Jägers«* – Diese 1852 in Buchform erschienene Sammlung von Erzählungen (»Sapiski ochotnika«) verhalf Iwan Turgenjew zum literarischen Durch-

bruch und wurde in der Folge auch international ein großer Erfolg.

135 *dass ihr Brief vermutlich zuerst nach Kiew gegangen sei* – Gontscharow will ihr Schweigen bemänteln, zumindest tut er ihr gegenüber so, indem er den Freunden weismachen will, der Brief sei vielleicht versehentlich ins weit entfernte Gouvernement Kiew befördert worden. Dort gab es eine fast gleichlautende Ortschaft (»Swenigorodka«), statt nach Swenigorod, 70 km westlich von Moskau.

Warwara Alexandrowna – Jelisaweta Tolstajas Mutter (1804 bis 1865). Jelisaweta Tolstajas Vater Wassili Tolstoi war bereits 1830 gestorben.

136 *Rachels Talent* – Elisa Rachel Felix, auch Mademoiselle Rachel genannt (1821–1858), eine der bekanntesten Schauspielerinnen ihrer Zeit, 1853/54 gastierte sie in Russland.

Montecchi; Capuleti – Die verfeindeten Familien Capulet und Montague aus »Romeo und Julia« von William Shakespeare; von Gontscharow in der italienischen Version nach der Oper von Vincenzo Bellini »I Capuleti e i Montecchi« genannt.

140 *Vor Gott dem Herrn […] sind tausend Jahre wie ein Tag* – »Denn tausend Jahre sind vor Dir wie der Tag, der gestern vergangen ist, und wie eine Nachtwache«, Psalm 90,4.

141 *»Illustrierte«* – Was damit gemeint ist, lässt sich nicht mehr ermitteln, möglicherweise eine Zeitschrift. Lewizki hatte aus seiner Zeit in Paris (siehe Anm. zu S. 48) gute Verbindungen nach Frankreich.

eine Gruppenaufnahme von sechs Personen angefertigt – Diese Gruppenaufnahme vom 15. Februar 1856 wurde und wird bis heute oft abgedruckt (siehe Abbildung, S. 142).

143 *wird fast die ganze derzeitige russische Literatur bei mir zu Mittag speisen* – Dieses Essen, an dem 25 Personen teilnahmen,

fand am 22. Februar in der Wohnung von Michail Jasykow statt.

143 *Vorläufig tun wir nichts als zu Mittag speisen* – So war er u. a. am 14. Februar gemeinsam mit Iwan Turgenjew, Lew Tolstoi und anderen Gast eines zu Ehren des Dramatikers Alexander Ostrowski gegebenen Essens bei Nikolai Nekrassow. *manche essen auch noch zu Abend* – Es wurde sehr spät zu Abend gegessen, gegen einundzwanzig, zweiundzwanzig Uhr oder noch später, obwohl es bereits damals als ungesund galt, spät zu essen. Im Roman »Oblomow« versucht Olga, Oblomow vom Abendessen und der ungesunden Lebensweise abzuhalten.

145 *ebenso Jewgenija Petrowna und Nikolai Apollonowitsch* – Dieser Gruß Gontscharows an die Maikows legt die Vermutung nahe, dass Jelisaweta Tolstaja während ihres Petersburg-Aufenthalts im Herbst 1856 bei den Maikows wohnte.
Stepan Semjonowitsch – Stepan Dudyschkin (siehe Anm. zu S. 60).*

146 *Konstantin Serbinowitsch* – Konstantin Serbinowitsch (1797 bis 1874), Schriftsteller und Redakteur der »Zeitschrift des Ministeriums für Volksbildung«, bis 1859 Kanzleidirektor des Oberprokurors des Heiligen Synod (des obersten Kirchengremiums der russisch-orthodoxen Kirche).

147 *das jetzt der Geistlichen Behörde gehört* – Dem Heiligen Synod (siehe vorherige Anm.).

148 *Alexander Mussin-Puschkin* – Alexander Illarionowitsch Mussin-Puschkin (1831–1863), der »Freund aus Kindertagen«, war der Verlobte von Jelisaweta Tolstaja, den sie am 25. Januar 1857 heiratete (siehe Nachwort).

Editorische Notiz

Der Text der Briefe folgt im Wesentlichen der russischen Erstausgabe in der Moskauer Zeitschrift »Golos minuwschego« (Stimme der Vergangenheit), Moskau 1913, Nr. 11 und 12, herausgegeben von P. N. Sakulin. Die Originale wurden der Redaktion der Zeitschrift von Jelisaweta Tolstajas Enkelin Olga Pokrowskaja fünfunddreißig Jahre nach dem Tod ihrer Großmutter übergeben und gelten heute als verschollen.

Die hier erstmals auf Deutsch vorgelegte Ausgabe enthält darüber hinaus später aufgetauchte Archivalien und einen vertiefenden Kommentar, der auch Parallelen zum Roman »Oblomow« aufzeigen möchte, und erscheint anlässlich der hundertsten Wiederkehr der Erstveröffentlichung. In den Kommentar wurden außerdem einige Briefe aus bzw. an Iwan Gontscharows Freundeskreis aufgenommen.

Die mitunter ausufernden Sätze Gontscharows wurden nicht in ihrer Gestalt verändert, ebenso wenig wie die für den Autor charakteristische ausgiebige Verwendung des Doppelpunkts und der anschließenden Kleinschreibung.

Unterstreichungen von der Hand Gontscharows sind kursiv wiedergegeben, abgekürzte Namen der besseren Verständlichkeit wegen ausgeschrieben.

Die Zitate aus anderen Briefen oder Werken von Iwan Gontscharow im ergänzenden Textteil (Vorbemerkung, Nachwort, Anmerkungen) sind ebenfalls kursiv wiedergegeben und, wenn nicht anders gekennzeichnet, von der Herausgeberin übersetzt, das gleiche gilt für die Zitate aus dem Roman »Oblomow«, die ihrer Neuübersetzung des Romans von 2012 entnommen sind (wiedergegeben mit: Oblomow, München 2012). Auslassungen in den Zitaten wurden mit eckigen Klammern wiedergegeben.

Im Kommentar wurde bei den Personennamen auf die im Russischen übliche Angabe des Vatersnamens verzichtet, um Missverständnisse zu vermeiden. In den Anmerkungen mit * gekennzeichnete Passagen wurden der russischen Erstausgabe der Briefe von 1913 entnommen, die übrigen stammen von der Herausgeberin.

Die Transkription der russischen Namen und Begriffe folgt der im Aufbau Verlag üblichen Dudentranskription, lediglich in der Bibliographie wurde bei der Wiedergabe der russischen Titel die wissenschaftliche Transliteration verwendet.

Die in den Briefen angegebenen Daten beziehen sich auf den in Russland bis 1918 geltenden Julianischen Kalender (der 13 Tage vom heute üblichen Gregorianischen Kalender abweicht).

Der Abdruck der Illustrationen erfolgt mit freundlicher Genehmigung des Instituts für Russische Literatur der Russischen Akademie der Wissenschaften (Puschkin-Haus), St. Petersburg, sowie des Gontscharow-Museums in Simbirsk-Uljanowsk.

Mein besonderer Dank gilt den Mitarbeitern des Instituts für Russische Literatur der Russischen Akademie der Wissenschaften (Puschkin-Haus), St. Petersburg, und des Gontscharow-Museums, Uljanowsk, die mir wertvolle Quellen zugänglich machten.

Vera Bischitzky

Bibliographie

Alekseev, A., Letopis' žizni i tvorčestva I.A. Gončarova [Chronik des Lebens und Schaffens von I.A. Gončarov], Moskau-Leningrad 1960.

Gončarov, I., Sobranie sočinenij, Tom 6 [Gesammelte Werke, Band 6], Moskau 1980.

Gončarov, I., Sobranie sočinenij, Tom 8 [Gesammelte Werke, Band 8], Moskau 1980.

Gontscharow, I., Briefe von einer Weltreise. Herausgegeben und übersetzt von E. Müller-Kamp, München 1990.

Gončarov, I., Nimfodora Ivanovna. Izbrannye pis'ma [Nimfodora Ivanovna. Ausgewählte Briefe], Hrsg. von O. Marfina-Demichovskaja und E. Demichovskaja, Pskov 1992.

Gontscharow, I., Oblomow. Herausgegeben und übersetzt von V. Bischitzky, München 2012.

Heine, H., Werke in fünf Bänden. Band 5, Berlin 1968.

Iljina-Laylle, O., Vostok i zapad v moej sud'be [Osten und Westen in meinem Schicksal], Moskau 2007.

Lobkareva, A., Ždanova, M., Smirnova, I. (Hrsg.), I.A. Gončarov: Materialy Meždunarodnoj naučnoj konferencii, posvjaščennoj 185-letiju so dnja roždenija I.A. Gončarova [Materialien der Internationalen wissenschaftlichen Konferenz anlässlich des 185. Geburtstags von I.A. Gončarov], Uljanovsk 1998.

Lobkareva, A., Klevogina, J., Smirnova, I. (Hrsg.), Materialy Meždunarodnoj naučnoj konferencii, posvjaščennoj 195-letiju so dnja roždenija I.A. Gončarova [Materialien der Internationalen wissenschaftlichen Konferenz anlässlich des 195. Geburtstags von I.A. Gončarov], Uljanovsk 2008.

Makašin, S., Dinesman, T. (Hrsg.), I.A. Gončarov. Novye materialy i issledovanija [I.A. Gončarov, Neue Materialien und Forschungsergebnisse], Moskau, IMLI RAN 2000.

Sakulin, P. (Hrsg.), Novaja glava iz biografii I.A. Gončarova v neizdannych pis'mach. Pis'ma I.A. Gončarova k Elizavete Tolstoj [Ein neues Kapitel in der Biographie I.A. Gontscharows in unveröffentlichten Briefen. Die Briefe I.A. Gončarovs an Elizaveta Tolstoj]. In: Golos minuvšego. Žurnal istorii i istorii literatury [Stimme der Vergangenheit. Zeitschrift zur Geschichte und Literaturgeschichte], Nr. 11 und 12, Moskau 1913.

Der Autor

Iwan Gontscharow (1812–1891) wuchs in Simbirsk an der Wolga (heute Uljanowsk) in einer Kaufmannsfamilie auf. Nach dem frühen Tod des Vaters wurde er zehnjährig ins 700 km entfernte Moskau an die dortige Höhere Handelsschule geschickt, von der er 1831 an die Moskauer Universität überwechselte. Nach Abschluss des Philologiestudiums ging er 1835 nach Sankt Petersburg, wo er bis zu seiner Pensionierung 1867 aus Gründen des Broterwerbs notgedrungen als Beamter im Staatsdienst tätig war, zunächst als Übersetzer, später einige Jahre lang als Zensor im Volksbildungsministerium und im Innenministerium. Gontscharow verkehrte in den literarischen Zirkeln seiner Zeit und war u. a. mit Fjodor Dostojewski, Lew Tolstoi und Iwan Turgenjew bekannt.

Seit Ende der 1830er Jahre machte er mit kleineren literarischen Arbeiten auf sich aufmerksam. 1847 veröffentlichte er seinen ersten Roman *Eine alltägliche Geschichte*, der von der Kritik wie dem Publikum enthusiastisch aufgenommen wurde. Neben Erzählungen, essayistischen Arbeiten und der zweibändigen Beschreibung der Weltumseglung, an der er 1852–1855 teilgenommen hatte (*Fregatte Pallas*, 1858), erschien 1859 der Roman *Oblomow*, der ihn weltberühmt machte. Schon zu Lebzeiten Gontscharows in 6 Ländern übersetzt, liegt der Roman heute in 47 Sprachen vor.

1860 wurde Gontscharow zum korrespondierenden Mitglied der Russischen Akademie der Wissenschaften gewählt. Gesundheitlich angeschlagen und vermehrt unter Depressionen leidend, nahm er immer wieder Zuflucht zu Kuraufenthalten in Westeuropa, vor allem in Marienbad, Bad Kissingen und Bad Schwalbach und im französischen Boulogne-sur-Mer, wo er an seinen Werken arbeitete. 1869 erschien der Roman *Die Schlucht*, mit dem er seine Romantrilogie abschloss.

Als Iwan Gontscharow 1891 in Sankt Petersburg starb, zeugte eine bereits zu Lebzeiten des Autors publizierte achtbändige Ausgabe seines Gesamtwerks von der großen Anerkennung, die er bei seinen Zeitgenossen genoss.

Die Herausgeberin

Die in Berlin geborene Slawistin arbeitete seit den 1980er Jahren als freie Publizistin, Lektorin und literarische Übersetzerin, vor allem aus dem Russischen. Sie veröffentlichte Essays über kulturhistorische Themen und übersetzte neben Werken der russischsprachigen Gegenwartsliteratur (u.a. Dina Rubina, Jewsej Zeitlin) Werke des Historikers Simon Dubnow, Erzählungen und Theaterstücke von Anton Tschechow (darunter *Die Dame mit dem Hündchen, Onkel Wanja, Der Kirschgarten*) und *Tote Seelen* von Nikolai Gogol, für dessen Neuübersetzung sie 2010 mit dem Helmut M. Braem-Preis ausgezeichnet wurde. Ihre Übersetzung des Romans *Oblomow* von Iwan Gontscharow wurde von den Lesern und vom deutschen Feuilleton begeistert aufgenommen.

»*Eine Meisterleistung*«
  (Elke Schmitter, Der Spiegel, 15/2012)

»*Ein Jahrhundertwerk. In der neuen Übersetzung von Vera Bischitzky überzeugt es mehr denn je – sowohl durch seinen*

Witz wie durch seine Tiefe. Ist dieser Roman wirklich schon gut 150 Jahre alt?«

(Manfred Papst, Neue Zürcher Zeitung am Sonntag, 24.06.2012)

Inhalt

Vorbemerkung 5

Die Briefe: »Herrlichste, beste, erste aller Frauen« 21

Anhang

Nachwort 155
Anmerkungen 167
Editorische Notiz 196
Bibliographie 199
Der Autor 201
Die Herausgeberin 203

MARK TWAIN
Sommerwogen
Eine Liebe in Briefen
Aus dem Amerikanischen übersetzt und
herausgegeben von Alexander Pechmann
304 Seiten. Leinen
Mit 14 Abb.
ISBN 978-3-351-03303-3

Die literarische Sensation: Der zärtliche Mr. Twain

»Ich bin jung & sehr gutaussehend … & sie ist wahrhaftig das schönste Mädchen, das ich je gesehen habe.« – Mark Twain war zweiunddreißig Jahre alt, als er sich zum ersten und einzigen Mal verliebte. Die Briefe an Livy Langdon, seine »Seelenschwester«, später Verlobte, Ehefrau und Mutter seiner Kinder, werden über die Jahre immer mehr zu amüsanten, anrührenden Lebenszeugnissen des berühmten Autors, der offen von seinen Erfolgen und Niederlagen, Hoffnungen und Ängsten schreibt und so manche Anekdote zum Besten gibt. Man findet darin eine lange Verteidigung des Rauchens, Spekulationen über die Unsterblichkeit der Seele, detektivische Nachforschungen über den geheimnisvollen Verehrer eines Dienstmädchens, Erinnerungen an Reisen, aber auch Verzweiflung über wirtschaftliche Fehlschläge und unheilbaren Schmerz über den Tod der Lieblingstochter Susy.

Mehr Informationen erhalten Sie unter www.aufbau-verlag.de
oder in Ihrer Buchhandlung

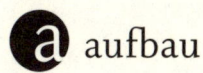